O HEBRAICO NOSSO DE CADA DIA

Reflexões teológicas, espirituais e práticas de dez importantes palavras hebraicas

TIAGO ABDALLA

PREFÁCIO DE HERNANDES DIAS LOPES

agnos

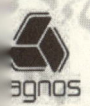

© 2022 por Tiago Abdalla T. Neto

1ª edição: outubro de 2022

Revisão
Nilda Nunes
Francine Torres

Diagramação
Sonia Peticov

Capa
Julio Carvalho

Editor
Aldo Menezes

Coordenador de produção
Mauro Terrengui

Impressão e acabamento
Imprensa da Fé

As opiniões, as interpretações e os conceitos emitidos nesta obra são de responsabilidade do autor e não refletem necessariamente o ponto de vista da Hagnos.

A menos que haja outra indicação, as referências bíblicas foram extraídas da Nova Versão Internacional (NVI), da Biblica, Inc.

Todos os direitos desta edição reservados à
Editora Hagnos Ltda.
Av. Jacinto Júlio, 27
04815-160 — São Paulo, SP
Tel.: (11) 5668-5668

E-mail: hagnos@hagnos.com.br
Home page: www.hagnos.com.br

Dados Internacionais de Catalogação na Publicação (CIP)
Angélica Ilacqua CRB-8/7057

Abdalla, Tiago

O hebraico nosso de cada dia: Reflexões teológicas, espirituais e práticas de dez importantes palavras hebraicas / Tiago Abdalla. – São Paulo: Hagnos, 2022.

ISBN 978-85-7742-364-4

1. Língua hebraica 2. Bíblia I. Título

22-4176   CDD 221.3

Índices para catálogo sistemático:
1. Língua hebraica

Dedico este livro a
Carlos Osvaldo Pinto (*in memoriam*)
e a Estevan F. Kirschner,
queridos mestres e orientadores,
e a meus alunos do Instituto
Missionário Palavra da Vida (Pará),
alegria e incentivo no ministério.

SUMÁRIO

Endossos 7
Agradecimentos 13
Prefácio 15
Introdução 19

1. Aliança • בְּרִית (bᵉrît) 23
2. Sabedoria • חָכְמָה (ḥokmâ) 53
3. Amor leal, amor verdadeiro • חֶסֶד (ḥesed) 75
4. Coração • לֵב/לֵבָב (lēḇ/lēḇāḇ) 93
5. Adorar, servir, trabalhar • עבד ('āḇaḏ) 115
6. Páscoa • פֶּסַח (pesaḥ) 147
7. Santo • קָדוֹשׁ (qāḏôsh) 167
8. Sheol • שְׁאוֹל (shᵉ'ôl) 189
9. Voltar, arrepender-se, converter-se
   • שׁוּב (shûḇ) 209
10. Paz • שָׁלוֹם (shālôm) 231

ENDOSSOS

O hebraico é conhecido tradicionalmente no judaísmo como *leshon haqqodesh*, isto é, "a língua sagrada". Foi nesse idioma que 98% do Antigo Testamento foi escrito, em contraposição aos seus 2% em aramaico. Além disso, foi nessa língua que Deus escreveu os Dez Mandamentos (Êxodo 31:18), que o salmista compôs os seus cânticos de louvor e que Jesus leu um trecho do rolo do profeta Isaías, em uma sinagoga de Nazaré (Lucas 4:16-19). Essas breves informações evidenciam, por si mesmas, a importância do estudo e do conhecimento desse fascinante idioma. Levando-se tudo isso em consideração, saudamos com entusiasmo a publicação de *O hebraico nosso de cada dia*, de Tiago Abdalla, que vem a lume em boa hora. O livro é um convite irresistível à reflexão sobre os significados teológicos, espirituais e práticos de dez importantes palavras hebraicas frequentemente mencionadas nas páginas do Antigo Testamento. Você não pode deixar de ler esta obra!

Dr. Carlos Augusto Vailatti
Doutor em Estudos Judaicos pela USP;
bacharel e mestre em Teologia.

Deus usou palavras, ou melhor, um montão de palavras, para comunicar-se conosco. O grande milagre da revelação é-nos apresentado dentro da narrativa bíblica por meio da articulação de vocábulos, que, dentro de seu contexto original, possuem um significado específico, por vezes, profundo, ou amplo o suficiente para comunicar ao mesmo tempo várias coisas. O trabalho de explorar essas palavras-chave da Bíblia Hebraica empreendida pelo pastor Tiago Abdalla é genial, pois não nos oferece a aridez dos léxicos, de um lado, nem os mares revoltos de uma aplicação alegórica e subjetiva, desconexa da realidade, do outro. Não. Tiago nos apresenta histórias, contextos, realidades concretas dentro das quais as palavras têm seu significado e nos descortinam a graça de um Deus hábil em comunicar-se conosco. *O hebraico nosso de cada dia* deve ser consumido como doses que enriquecerão o leitor e o farão mais próximos do texto bíblico.

Reverendo Paulo Won
Pastor na Igreja Presbiteriana de Cuiabá e
diretor da Escola Didaskalia.

Entender o sentido dos termos empregados pelos autores do texto sagrado em seus contextos de origem é fundamental para a aplicação responsável da mensagem bíblica no mundo contemporâneo. Em uma linguagem acessível, repleta de exemplos e ilustrações, Tiago Abdalla apresenta a significância teológica de dez palavras-chave do Antigo Testamento, examinando a riqueza semântica e a variedade no uso de cada uma delas ao longo do cânone bíblico. Ao final de cada capítulo, o leitor ainda é convidado a refletir sobre algumas implicações para sua vida de adoração a Deus e serviço ao próximo. Além de nos oferecer um estudo lexicográfico cuidadoso, *O hebraico nosso de*

Endossos

cada dia é também uma cativante introdução à teologia da Bíblia hebraica. Recomendo com entusiasmo!

Dr. Bernardo Cho
PhD em Linguagem, Literatura e Teologia do Novo Testamento pela Universidade de Edimburgo. Professor de Novo Testamento e coordenador do programa Doctor of Ministry no Seminário Teológico Servo de Cristo. Pastor da Igreja Presbiteriana do Caminho.

Tive o privilégio de ser professor do pastor e professor Tiago Abdalla em suas primeiras matérias de línguas originais. Desde o início ele se mostrou um estudante sério, piedoso e meticuloso, apaixonado pela Palavra de Deus e zeloso em descobrir seu sentido mais exato. No caso do Tiago, o aluno tornou-se muito maior que seu mestre! *O hebraico nosso de cada dia* apresenta para pastores, seminaristas, teólogos e estudantes sérios das Escrituras um texto riquíssimo que aprofunda nossa compreensão de alguns vocábulos-chave da Bíblia Hebraica, mas também um livro devocional capaz de transformar nossos corações. Como eu gostaria de ter tido um livro assim logo que terminei meus estudos. Como sou grato que esse livro agora chegou!

Dr. David Merkh
Doutor em Ministérios e mestre em Teologia pelo Dallas Theological Seminary (Texas, EUA). É professor do Seminário Bíblico Palavra da Vida (Atibaia, SP) e pastor auxiliar de Exposição Bíblica na Primeira Igreja Batista de Atibaia.

Numa época de profunda superficialidade, repleta de discursos vazios e de pregação motivacional, *O hebraico nosso de cada dia* é um sopro de nova vida. Inclusive, é bem possível que produza no leitor uma rara sensação de "saciedade espiritual" em meio à danosa oferta de fastfood de Bíblia que muitos costumam consumir. A obra contém ensino bíblico sólido e instigante a partir de uma fonte surpreendente: o Antigo Testamento na língua hebraica. Tiago Abdalla percorre os conceitos fundamentais da Bíblia Hebraica (AT) a fim de estabelecer uma base sólida para a compreensão adequada do enredo bíblico que culmina no Novo Testamento. E ele faz isso com habilidade, bom humor e aplicações incisivas. Além disso, ele nos ajuda a perceber com mais nitidez as conexões necessárias para um entendimento mais profundo da História da Redenção, que tem o Messias Jesus e o evangelho como seu alvo.

Dr. Estevan F. Kirschner
Professor de Bíblia e Teologia Bíblica no
Seminário Teológico Servo de Cristo.

O que essa palavra significa em hebraico? Essa é uma pergunta recorrente! Alguns querem uma resposta breve. Outros querem descobrir um significado oculto. Poucos, porém, estão dispostos a se debruçar diante do texto bíblico e estudar as ocorrências e usos de determinada palavra em seu contexto literário, cultural e histórico. Tiago Abdalla fez isso! Com erudição e coração pastoral, ele mostrou como um estudo de vocábulos é preciso e imprescindível. Neste livro você encontrará dez termos hebraicos que são importantes para você compreender melhor o relacionamento de Deus com a criação e da criação com Deus. Que o Deus de aliança encha o seu coração de sabedoria para compreender o amor leal dele. Que, ao ler este livro, você

Endossos

O sirva em integridade e retidão, resultado de um coração arrependido e grato, não só pela libertação da morte, mas pela morte daquele que é o sacrifício perfeito e que nos conduz ao reino de paz!

Davi F. M. Cáceres
Pastor da Igreja Batista Pedras Vivas
Mestrando (STM) em Estudos Hermenêuticos
do Novo Testamento pelo CPAJ.

Deus usa palavras para revelar quem Ele é e quem nos devemos ser. A compreensão dessas palavras é fundamental para conhecermos Deus e sua vontade. As Escrituras colecionam essas palavras principalmente nas línguas originais de hebraico e grego. São línguas antigas, mas ricas em nuances que nos ajudam admirar e adorar Deus. Em *O hebraico nosso de cada dia*, Tiago Abdalla apresenta algumas das mais importantes palavras para a compreensão do Antigo Testamento. O leitor que conhece as línguas originais vai apreciar o profundo conhecimento do autor. O leitor que não as conhecem não terá nenhuma dificuldade em compreender o conteúdo. Ambos serão edificados, desafiados e estimulados a glorificar o Deus que se revela em palavras. O livro é essencialmente devocional, mas com profundeza teológica. Conceitos complicados são simplificados, ilustrados e aplicados de formas práticas. Se quiser conhecer melhor Deus e sua vontade, recomendo esta leitura.

Gary Parker
Diretor da Organização Palavra da Vida – Norte
Doutor em Ministério pelo Dallas Theological Seminary.

AGRADECIMENTOS

Como os salmistas do antigo Israel, louvo ao Deus da minha salvação, minha força e meu refúgio ao longo de toda a produção deste livro.

Agradeço à Fabi, minha linda esposa e revisora, que trouxe importantes contribuições para o livro, além de ser grande encorajadora em meu ministério.

Também sou grato pelas leituras e preciosas sugestões de Ricardo Lavarda, querido amigo e colega de ministério.

Agradeço ao meu editor, Aldo Menezes, pela paciência e pelo encorajamento, em especial nos momentos em que a rotina de aulas e outros trabalhos impediu-me de terminar o livro no tempo desejado.

Louvo a Deus pelos chefes generosos, Gary Parker e Isaías N. Christal, que me incentivam e permitem-me dedicar tempo à produção de textos para a edificação não apenas dos alunos do Instituto Missionário Palavra da Vida (IMPV), mas também da igreja brasileira.

Agradeço aos colegas do IMPV pelo ambiente de comunhão e por cuidarem bem da parte administrativa, permitindo-me uma dedicação maior ao ministério de produção de texto e ensino. Também sou grato aos meus alunos do IMPV pelo encorajamento enquanto eu escrevia esta obra.

Não a nós, Senhor, nenhuma glória para nós,
mas sim ao teu nome.

Salmos 115:1

PREFÁCIO

Prefaciar um livro torna-se uma atividade literária espontânea e descomplicada quando o autor e o conteúdo ajudam nessa tarefa. É o caso desta excelente publicação.

No tocante à autoria, *O hebraico nosso de cada dia* foi escrito pelo pastor Tiago Abdalla, que, apesar de ser um jovem adulto, demonstra uma maturidade própria dos experimentados homens de Deus. Abdalla é possuidor de uma excelente formação acadêmica. Além do bacharelado em Teologia pelo prestigiado Seminário Bíblico Palavra da Vida, de Atibaia, SP — casa do saudoso pastor Carlos Osvaldo Pinto, especialista em hebraico, a quem o autor dedica este livro e de quem foi aluno; na condição de antigo pupilo, vê-se que ele seguiu com diligência os passos do antigo mestre, a quem honra por meio destas páginas —, e pela conceituada Faculdade Teológica Sul Americana, de Londrina, PR, ele possui três mestrados: em Teologia Bíblica pelo Servo de Cristo (São Paulo, SP), em Teologia e Exposição do Antigo Testamento pelo Palavra da Vida e em Ciências da Religião pela Universidade Metodista de São Paulo. Essa lustrosa formação, associada à sua intensa atividade pastoral e docente, corroboram seu preparo para a produção deste livro.

No que diz respeito ao conteúdo, a leitura de *O hebraico nosso de cada dia* é um refrigério nestes dias de teologias pouco sólidas e carentes de boa fundamentação na Palavra de Deus, Palavra esta cuja maior parte — o Antigo Testamento — foi escrita justamente no idioma hebraico. Em tempos em que as línguas originais andam perdendo seu atrativo em muitas instituições teológica de ensino, é um deleite ler um livro que pretende transmitir o sabor e a vivacidade dos idiomas nos quais Deus decidiu se manifestar às pessoas.

Este livro cumpre muito bem o seu papel de fazer os leitores conhecerem e estimarem a língua hebraica, aplicando-a em sua vida, ainda que o autor tenha selecionado apenas dez palavras de um vasto repertório do Antigo Testamento. Mas não se engane com o que parece ser pouco, pois, como se diz por aí, "menos é mais". Essas dez palavras certamente produzirão cem vezes mais, pois os leitores perceberão quão rica é a Palavra de Deus e quão caudaloso é o arcabouço de significados de uma mesma palavra. Os leitores, no entanto, não apenas obterão conhecimento de determinada palavra bíblica; mais que isso: eles verão que cada uma dessas palavras inspiradas por Deus pretende infundir-lhes fé genuína e uma prática condizentes com a vontade daquele que as inspirou. Não estamos meramente diante de dez palavras, mas de dez poderosas palavras que têm muito a nos ensinar e a enriquecer nossa vida como servos e servas do Altíssimo.

Parabenizo o autor pela seleção das palavras e pela forma eloquente e acessível com a qual transmite a mensagem da Palavra de Deus. Este livro certamente será um marco na vida dos que creem piedosamente na inspiração das Escrituras Sagradas. Espero também que ele possa estimular

Prefácio

muitos a empreenderem a insigne tarefa de estudar mais a fundo o hebraico bíblico, sorvendo toda a riqueza desse idioma maravilhoso escolhido por Deus para transmitir a história da salvação, que culmina no nascimento, na vida, na morte e na ressurreição do Senhor Jesus.

Recomendo aos leitores que leiam cada palavra, estude-as e ponham em prática os princípios aqui lavrados pelas mãos competentes do pastor e mestre Tiago Abdalla.

Para concluir, congratulo a Editora Hagnos, minha casa publicadora há tantos anos, por este lançamento imprescindível ao meio evangélico e que, certamente, abençoará grandemente o povo de Deus.

Hernandes Dias Lopes
Doutor em Ministério pelo Reformed Theological Seminary (Jackson, Mississippi, EUA), autor *best-seller*, pastor da Igreja Presbiteriana do Brasil, conferencista internacional e um dos grandes nomes da exposição bíblica atualmente.

INTRODUÇÃO

Uma antiga música dizia que há "palavras de amor pra pedir desculpas", e "palavras doentias" que "não se curam".[1] Certamente há muitos tipos de palavras, e elas não são todas iguais. Há palavras que edificam e transformam, mas também as que destroem e matam. A palavra de um amigo pode trazer grande consolo ao coração ou nos ajudar em escolhas acertadas, mas a de um crítico ferrenho pode gerar tristeza e confusão.

Quando Israel estava prestes a entrar na Terra Prometida, o Senhor lhes anunciou palavras importantes e os exortou: "Guardai, pois, as *palavras* desta aliança e cumpri-as, para que prospereis em tudo quanto fizerdes" (Deuteronômio 29:9, Almeida Revista e Atualizada). A obediência de Israel às "palavras" de Deus levaria a nação a florescer e a experimentar vida verdadeira, mas a desobediência traria destruição e morte (Deuteronômio 30:15-20). Como lembraria o profeta Miqueias séculos depois: "As *minhas palavras fazem bem* àquele cujos caminhos são retos" (Miqueias 2:7).

Ouvir as palavras de Deus com atenção era um problema dos habitantes de Judá e Jerusalém da época de Jeremias. Por isso, o Senhor os advertiu: "Será que vocês

---

[1] Affonso Sergio De Britto Alvares; Fromer Marcelo, "Palavras", lançada no álbum da banda Titãs: *Õ Blésq Blom*.

não vão aprender a lição e obedecer às *minhas palavras*?" (Jeremias 35:13). Em contraste com a geração desse profeta, a mulher ou o homem a quem Deus estima é descrito como "humilde e contrito de espírito, que treme diante da *minha palavra*" (Isaías 66:2).

Deus usou palavras para se comunicar conosco e precisamos dar atenção a elas se quisermos desfrutar de vida verdadeira e experimentar um relacionamento vibrante com o nosso Criador e Redentor. É tolice dar às costas para aquele que é a fonte de água viva, recorrendo a cisternas que não podem saciar a sede do nosso coração.

Por isso, quero ajudar você a compreender melhor dez palavras que Deus proclamou no texto hebraico do Antigo Testamento e que têm um papel fundamental para entendermos quem somos e quem é o Deus a quem servimos e adoramos por meio de Jesus Cristo. São palavras antigas, mas sempre relevantes para nos guiar em meio a um mundo caótico, sombrio e confuso. Como diria o salmista: "A *tua palavra* é lâmpada que ilumina os meus passos e luz que clareia o meu caminho" (Salmos 119:105).

Essas palavras hebraicas contam a história de um Criador envolvido com este mundo e com os seres humanos; um Criador que se compromete com o seu povo por meio de *alianças* para trazer redenção e transformação de vidas. Vamos conhecer um Deus que é *sábio, amoroso, santo e justo* e que demonstra todos esses atributos no seu relacionamento com a humanidade. Só existe *paz* ou bem-estar entre os seres humanos quando abraçamos o amor e a justiça de Deus. A fim de vivermos para a glória desse Deus maravilhoso, é necessário conhecer nosso *coração*

Introdução

e nos rendermos a Ele em confiança e *adoração*. Assim, quando enfrentarmos as fragilidades da vida e a realidade da *morte*, lembraremos daquele que trouxe redenção a Israel por meio do *cordeiro da Páscoa*, e agora nos traz redenção mediante o *"Cordeiro* de Deus que tira o pecado do mundo" (João 1:29, grifo meu).

Parafraseando a canção infantil, são dez "palavrinhas só" que você precisa não apenas saber "de cor", mas também permitir que elas transformem seu coração e o levem a um relacionamento significativo com Deus. O mesmo Deus que se revelou no Antigo Testamento veio a nós em Jesus Cristo. Ele continua a nos oferecer o melhor presente de todos: "quem ouve a *minha palavra* e crê naquele que me enviou tem a vida eterna" (João 5:25). Vamos ouvir suas palavras e desfrutar esse presente!

בְּרִית

ALIANÇA

I

b^erît

Eu aguardava aquele dia com muita expectativa desde que havíamos noivado no ano anterior. Acompanhado de minha mãe, entrei na grande tenda branca e esperei pela linda jovem que logo mais apareceria para iniciarmos a celebração do nosso casamento. O violinista começou a tocar "Jesus, a alegria dos homens", de Johann Sebastian Bach, e a noiva entrou, acompanhada das damas de honra. O pai dela a trouxe até mim e, ao lado dela, ouvimos o pastor dar as boas-vindas aos convidados.

Após o momento de louvor e a pregação sobre o amor no livro de Cantares, um dos pastores pediu que ficássemos diante dele e declarássemos os nossos votos um ao outro. Aquela cerimônia não era um mero contrato temporário com o qual estávamos nos comprometendo, mas uma aliança de vida que assumíamos mutuamente perante Deus e as testemunhas ali reunidas. Até hoje guardo meu voto. Em um de seus trechos, dizia o seguinte:

> Prometo amá-la com todo o meu coração, imitando o exemplo de Jesus, ao dar minha vida por você e liderá-la em um

ambiente de carinho e respeito. Com a graça de Deus, comprometo-me a cuidar de você, sendo seu pastor, protetor e provedor. Desejo que nosso lar seja a expressão concreta do amor divino, alegrando-nos um com o outro e um no outro, bem como perseverando juntos no consolo e encorajamento mútuos. Prometo, com a graça de Cristo, ser um esposo presente, paciente e prestativo, com quem você poderá compartilhar seu dia, suas vitórias, seus sonhos, como também derramar suas lágrimas e experimentar conforto. Comprometo-me a concentrar minhas afeições exclusivamente em você e promover sua alegria no leito conjugal. Não pelas minhas forças, mas na força de Deus, comprometo-me a ser um marido fiel e um líder que buscará ao seu lado construir um lar em que Cristo seja o centro, a Sua Palavra o nosso fundamento, o evangelho nossa esperança e a glória de Deus nosso propósito de vida.

Essa declaração, de quase dez anos atrás, faz-me lembrar que tenho um compromisso solene e permanente com minha esposa. Nada, senão a morte, pode romper essa ligação entre nós.

Os votos de casamento lembram-nos de que há alguém mais entre céus e terra que também se interessa por alianças. Aliás, essa é sua maneira padrão de relacionar-se com os seres humanos. Longe de ser um mero relojoeiro que deu corda no relógio do mundo, o Criador do universo está profundamente interessado e envolvido com sua criação. Convido você a conhecer um pouco mais sobre essa história de amor e fidelidade contida em uma simples palavra hebraica — a palavra *berît*.

bᵉrît

UM DEUS QUE SE RELACIONA COM A HUMANIDADE

Em maio de 2008, a Petrobrás, empresa brasileira de exploração e produção de petróleo e gás natural, descobriu uma importante jazida de petróleo. Naquela mesma época, a agência Fitcher, que avalia o risco de investimento em países, classificou o Brasil como um país seguro para investimento. Diante dessas notícias, o então presidente da república declarou: "Deus resolveu passar no Brasil e ficar. Passou e ficou".[1] Não sabemos se essa era uma força de expressão ou se aquele homem realmente cria em um Deus que intervém na história, mas a ideia básica de sua frase era: se as coisas estão caminhando bem é porque a mão de Deus está por trás disso.

As Escrituras descrevem Deus como um ser ativo na história humana e na vida de seu povo. A presença e o relacionamento de Deus com as criaturas não se restringem aos momentos tranquilos e prósperos, mas também às situações difíceis e conturbadas (Isaías 45:5-7; Lamentações 3:37-39). Deus sustenta todas as coisas e age para o bem de suas criaturas (Salmo 104), especialmente daqueles que o amam (Romanos 8:28), a fim de promover sua glória suprema.[2] O livro de Salmos oferece um vislumbre do envolvimento de Deus com a criação:

---

[1] Notícia disponível em: https://noticias.uol.com.br/ultimas-noticias/bbc/reporter/2008/05/30/deus-resolveu-passar-no-brasil-e-ficar-brinca-lula.htm; acesso em 27 de agosto de 2022.
[2] Salmos 66:1-4; 145:9-13; Efésios 1:6,12,14; Apocalipse 15:3,4.

> Cantai ao Senhor com ações de graças; entoai louvores, ao som da harpa, ao nosso Deus, que cobre de nuvens os céus, prepara a chuva para a terra, faz brotar nos montes a erva e dá o alimento aos animais e aos filhos dos corvos, quando clamam.
>
> Salmos 147:7-9, Almeida Revista e Atualizada [ARA]

O relacionamento do Criador com os seres humanos é tão antigo quanto o jardim do Éden. Ali, o primeiro homem vivenciou tanto a generosidade de Deus, que lhe permitiu comer livremente de toda árvore do jardim (Gênesis 2:16), quanto a responsabilidade de cuidar do jardim e evitar a árvore do conhecimento do bem e do mal (Gênesis 2:15,17). Embora o primeiro casal tenha se rebelado contra a ordem divina e se afastado do Criador (Gênesis 3:1-6), Deus não desistiu da humanidade e fez uma promessa: "Porei inimizade entre você e a mulher, entre a sua descendência e o descendente dela; este *lhe ferirá a cabeça*, e você *lhe ferirá o calcanhar*" (3:15). O Senhor dos céus e da terra um dia traria redenção à humanidade por meio de um descendente da mulher que "feriria a cabeça" da serpente, revertendo o mal e a corrupção que se tornaram dominantes no mundo e nos afastaram de Deus.

Esse processo de redenção culminou em Cristo, como o apóstolo João declara: "Para isso *o Filho de Deus se manifestou: para destruir as obras do Diabo*" (1João 3:8). Jesus levou a culpa de nosso pecado, a fim de derramar a justiça de Deus sobre nós; Ele foi ferido pela serpente para nos curar de nossa doença espiritual: "por suas *feridas* vocês foram curados" (1Pedro 2:24). A redenção em Jesus já foi garantida em sua morte e ressurreição, ainda que a consumação dessa salvação aguarde um momento futuro: "Em breve o Deus da paz *esmagará Satanás debaixo dos pés de vocês*" (Romanos 16:20).

E como a história da Bíblia caminha de Eva a Jesus? Como o enredo de nossa salvação se desenvolve da promessa até seu cumprimento? A resposta é: por meio de alianças. Ao mencionar o "descendente" de Eva, a promessa em Gênesis 3:15 indica que a salvação não cairia do céu como um meteoro estranho a nós. Deus envolveria os seres humanos nesse processo mediante alianças com pessoas escolhidas.

O termo hebraico *berît* ocorre mais de 280 vezes na Bíblia e pode ser traduzido por "acordo", "tratado" ou "aliança".[3] O último sentido é o mais comum ao longo de todo o Antigo Testamento e aparece pela primeira vez em Gênesis 6:18: "Mas com você estabelecerei a minha *aliança*, e você entrará na arca com seus filhos, sua mulher e as mulheres de seus filhos". Essa palavra liga a história de homens e mulheres que aparecem nas páginas do Antigo Testamento e culmina no uso de seu equivalente na língua grega. Em Lucas 22:20, Jesus diz a seus discípulos: "Este cálice é a nova *aliança*[4] no meu sangue, derramado em favor de vocês" (Lucas 22:20).

---

[3] L. Koehler; W. Baumgartner; M. E. J. Richardson; J. J. Stamm, *The Hebrew and Aramaic lexicon of the Old Testament* (Leiden: 1994-2000), p. 157-9; Francis Brown; Samuel R. Driver; Charles A. Briggs, *Enhanced Brown-Driver-Briggs Hebrew and English Lexicon* (Oxford: Clarendon, 1977), p. 136-7.

[4] O termo grego equivalente é *diathēkē*, que tem o sentido semelhante de "aliança", "testamento" ou "contrato". Veja William Arndt; Frederick W. Danker; Walter Bauer; F. Wilbur Gingrich, *A Greek-English Lexicon of the New Testament and Other Early Christian Literature* (Chicago: University of Chicago Press, 2000), p. 228-9.

Afinal, o que é uma aliança? Que importância ela tinha no mundo antigo e em Israel? De que forma as alianças se encaixam no plano de redenção de Deus?

AS ALIANÇAS NO MUNDO ANTIGO

Vivemos na cultura do contrato, em que acordos humanos podem ser desfeitos e refeitos. Hoje você pode se interessar por um apartamento e assinar um contrato de aluguel pelo período de trinta meses. Caso encontre um apartamento melhor e por um preço mais baixo alguns meses depois, a única coisa que você precisa fazer é pagar uma multa por sair do apartamento antes dos trinta meses e deixar o local do jeito que o encontrou. Em geral, contratos podem ser quebrados com relativa facilidade, ainda que isso implique algum tipo de multa.

Essa maneira de encarar acordos pode ser vista em uma uma nova lei no Paraná. Ela proíbe que multas sejam aplicadas a pessoas desempregadas em caso de quebra de contratos de fidelidade com empresas da área de telefonia e TV a cabo. Se a pessoa ficar desempregada e não conseguir mais pagar o plano de internet de seu celular, ela pode romper o contrato e não pagar a multa prevista nele.[5]

Em uma cultura como a nossa, o conceito bíblico de aliança pode soar bastante estranho. Elmer Martens nos ajuda a entender um pouco a diferença entre "contrato" e "aliança".

---

[5] "Nova lei no Paraná proíbe multa para desempregados que quebram contratos de fidelidade", *G1*, disponível em: https://g1.globo.com/pr/parana/noticia/2022/08/25/nova-lei-proibe-multa-no-parana-para-desempregados-que-quebram-contratos-de-fidelidade.ghtml, acesso em: 3 de setembro de 2022.

bᵉrît

A ocasião para o contrato diz respeito, em grande medida, aos benefícios que cada parte espera. Desse modo, por uma quantia satisfatória, uma parte concorda em fornecer uma quantidade específica de um produto desejado à outra parte. O contrato é caracteristicamente orientado para as coisas. A aliança é orientada para as pessoas e, da perspectiva teológica, surge não dos benefícios como o principal item de troca, mas do desejo de algum grau de intimidade. Em uma negociação de contrato, é importante chegar a um acordo mutuamente satisfatório. Em uma aliança, não há espaço para a negociação. O superior oferece sua ajuda como ato de graça; a iniciativa é dele. O termo "presente" define aliança, assim como "negociação" define contrato.[6]

Para entendermos o relacionamento de Deus com os seres humanos por meio das alianças, precisamos observar como elas funcionavam na dimensão humana, em que pessoas faziam alianças entre si.

No mundo do antigo Oriente Próximo, as alianças eram acordos extremamente sérios, confirmados com juramentos, e serviam para estabelecer diversos compromissos em diferentes relacionamentos: tratados internacionais, alianças entre clãs, acordos entre parentes e amigos e compromissos de casamento.[7]

---

[6] Elmer Martens, *God's Design: A Focus on the Old Testament Theology*, 4. ed. (Eugene: Wipf and Stock, 2015), p. 70.

[7] Peter J. Gentry; Stephen Wellum, *O reino de Deus através das alianças de Deus* (São Paulo: Vida Nova, 2021), p. 49.

As pessoas temiam quebrar uma aliança, pois a ira dos deuses cairia sobre elas, como em um acordo entre Esaradom, imperador da Assíria, e um de seus vassalos, rei da cidade de Urakazaban. Caso o vassalo quebrasse o tratado, ele sofreria a punição de vários deuses assírios, que implicaria ter uma vida breve, sofrer de grave doença de pele, sofrer o saque de seus bens por um inimigo, ter seus descendentes eliminados da face da terra, morrer na batalha e ser comido por aves de rapina e chacais.[8] Em condições assim, nenhum de nós ousaria quebrar uma aliança, não é verdade?

Quando Abraão vivia na região de Berseba, Abimeleque, rei de Gerar,[9] foi ao encontro do patriarca para fazer uma aliança (Gênesis 21:22-34). Nela, Abraão jurou que trataria Abimeleque com "amor verdadeiro"[10] e não mais o enganaria como anteriormente (21:22-24). Ao mesmo tempo, Abimeleque jurou que Abraão era o legítimo dono de um poço que o patriarca havia cavado, devolvendo-o a Abraão e não permitindo que seus servos o tomassem dele novamente (21:25-31).[11] Os juramentos e o compromisso assumido por ambos tiveram um símbolo visível: "Tomou Abraão ovelhas e bois e deu-os a Abimeleque; e fizeram

---

[8] D. J. Wiseman, *The Vassal-Treaties of Esarhaddon* (London: British School of Archaeology in Iraq, 1958), p. 60-2.

[9] Gênesis 20:1,2.

[10] Para um entendimento do conceito de "amor verdadeiro", veja o capítulo sobre *ḥesed* deste livro.

[11] Victor P. Hamilton, *The Book of Genesis, Chapters 18–50*, The New International Commentary on the Old Testament (Grand Rapids: Eerdmans, 1995), p. 92.

ambos uma *aliança* [b*e*rît]" (21:27, ARA). Essa aliança envolveu a entrega de animais como memorial do acordo solene firmado entre ambos,[12] conforme a declaração de Abraão: "Aceita estas sete ovelhas de minhas mãos como testemunho de que eu cavei este poço" (21:30).

Assim, depois de firmar a "aliança", Abimeleque retornou para sua casa e Abraão chamou o território em torno do poço recuperado de "Berseba", que pode significar o "Poço do Juramento" ou o "Poço das Sete" (21:32).[13] Ambas as possibilidades de tradução apontam para o compromisso dele com Abimeleque, seja por uma alusão às "sete ovelhas" que deu a Abimeleque como memorial, seja pelo "juramento" que ambos fizeram.

Quando avançamos um pouco mais na história bíblica, vemos Jacó, neto de Abraão, fazendo uma aliança com Labão, seu tio e sogro (Gênesis 31:43-55). Depois de partir do norte da Mesopotâmia, onde trabalhava quase como escravo para o tio, Jacó foi alcançado por Labão. Em meio às tensões de relacionamento, eles concordaram em fazer uma aliança. "Labão respondeu a Jacó: '[...] Façamos agora, eu e você, um *acordo* [b*e*rît] que sirva de testemunho entre nós dois" (31:43,44). Em resposta à proposta de seu tio, Jacó, acompanhado por seus parentes, pegou uma pedra,

---

[12] K. A. Mathews, *Genesis 11:27—50:26*, New American Commentary (Nashville: Broadman & Holman, 2005), p. 281; John H. Sailhamer, "Genesis", in: Tremper Longman III; David E. Garland, orgs., *The Expositor's Bible Commentary: Genesis–Leviticus*, ed. rev. (Grand Rapids: Zondervan, 2008), vol. 1, p. 208.

[13] A. F. Rainey, "Beersheba", in: Moisés Silva; Merrill Chapin Tenney, *The Zondervan Encyclopedia of the Bible, A-C* (Grand Rapids: Zondervan, 2009), vol. 1, p. 540.

e juntos levantaram um monte de pedras como "testemunha" da aliança entre Jacó e Labão (31:45-47).

O rito solene da aliança foi acompanhado por uma refeição ao lado das pedras (Gênesis 31:46), e ambos fizeram um juramento de que não ultrapassariam os limites delas com o intuito de prejudicar o parceiro de aliança que estava do outro lado (31:52,53). Então, o próprio Deus foi invocado como testemunha e responsável por julgar quem quebrasse a aliança: "O Deus de Abraão e o Deus de Naor, o Deus do pai deles, julgue entre nós" (31:53).[14] Terminada a cerimônia de aliança com sacrifícios, Labão se despediu de suas filhas e de seus netos e foi para a sua terra (31:54,55).

Séculos mais tarde, vemos a bela cena de amizade entre Jônatas e Davi, que envolveu um profundo compromisso desde o início: "Jônatas e Davi fizeram *aliança*; porque Jônatas o amava como à sua própria alma. Despojou-se Jônatas da capa que vestia e a deu a Davi, como também a armadura, inclusive a espada, o arco e o cinto" (1Samuel 18:3,4, ARA). O símbolo memorial da aliança entre Davi e Jônatas envolveu a entrega da armadura de Jônatas a Davi. Em 1Samuel 20:8, Davi lembra Jônatas da aliança feita entre eles e pede ao amigo que o trate com "amor verdadeiro" diante da ameaça de morte que sofria de Saul, pai

---

[14] Essa declaração de Labão pode ser entendida como uma referência dele a diversas divindades: "O Deus de Abraão e o *deus* de Naor e o *deus* do pai deles julguem entre nós". Veja Gordon J. Wenham, *Genesis 16–50*, Word Biblical Commentary (Dallas: Word, 1994), p. 280-281; William David Reyburn; Euan McG Fry, *A Handbook on Genesis*, UBS Handbook Series (New York: United Bible Societies, 1998), p. 743-4.

de Jônatas. O filho do rei confirma sua aliança com Davi e invoca o Senhor, Deus de Israel, como testemunha:

> O Senhor, Deus de Israel, seja testemunha. Amanhã ou depois de amanhã, a estas horas sondarei meu pai [...] se meu pai quiser fazer-te mal, faça com Jônatas o Senhor o que a este aprouver, se não te fizer saber eu e não te deixar ir embora, para que sigas em paz. [...] Assim, fez Jônatas aliança com a casa de Davi, dizendo: Vingue o Senhor os inimigos de Davi. Jônatas fez jurar a Davi de novo, pelo amor que este lhe tinha, porque Jônatas o amava com todo o amor da sua alma.
>
> 1Samuel 20:12-13,16-17, ARA

Todas essas histórias nos ajudam a entender como as alianças funcionavam no antigo Israel: elas geralmente envolviam duas partes, continham juramentos e compromissos, algum símbolo memorial ou rito solene e a invocação de Deus como testemunha e juiz daqueles que quebrassem a aliança firmada. Em geral, o superior ou aquele que tem mais poder e influência começa a aliança, como ocorreu com Abimeleque (rei da região em que Abraão vivia), Labão (para quem Jacó trabalhava) e Jônatas (filho do rei a quem Davi servia).

Diferentemente dos contratos firmados em nossos dias, não se esperava a quebra da aliança. Algumas alianças chegavam a envolver as gerações futuras dos que faziam o compromisso, como a de Abimeleque com Abraão: "Agora, jura-me, diante de Deus, que *não vais enganar-me, nem a mim nem a meus filhos e descendentes*" (Gênesis 21:23).

Não devemos pensar que as alianças descritas nesses relatos bíblicos eram exclusivas da nação de Israel. Alianças ou tratados semelhantes eram comuns em todo o antigo Oriente Próximo.[15]

Dois tipos de alianças no antigo Oriente Próximo são os mais comuns: (1) o tratado suserano-vassalo e (2) a escritura régia ou concessão real de terras. O primeiro é um tratado entre o grande rei, ou suserano, e seus reis-vassalos.[16] Nele, o grande rei convida ou obriga seus vassalos a estabelecerem um acordo com ele, por meio do qual o suserano garante proteção e recompensas ao vassalo, enquanto este se compromete a servir e obedecer de forma leal a seu suserano.[17] O vassalo era obrigado a jurar na presença das divindades que cumpriria as cláusulas do tratado, o que tornava o acordo condicional, dependendo da obediência do vassalo para ser mantido.[18] As alianças entre Abimeleque e Abraão e entre Labão e Jacó se aproximam bastante desse modelo.

O segundo tipo de aliança envolvia uma concessão de propriedade ou uma posição privilegiada de um ofício sacerdotal ou real concedido como favor por um deus ou rei. Esses tratados se concentravam na honra e no relacionamento interpessoal.[19] A natureza dessa aliança era incondicional

---

[15] Gentry; Wellum, *O reino de Deus através das alianças de Deus*, p. 51-2.
[16] Ibidem, p. 52.
[17] Eugene H. Merrill, *Teologia do Antigo Testamento* (São Paulo: Shedd, 2009), p. 240.
[18] Gary Beckman, ed., *Hittite Diplomatic Texts*, 2. ed. (Atlanta: Society of Biblical Literature, 1999), p. 2.
[19] Gentry; Wellum, *O reino de Deus através das alianças de Deus*, p. 51-2.

bᵉrît

e as promessas geralmente eram unilaterais.[20] Ou seja, ela dependia apenas da boa vontade do suserano, que não fazia exigências para cumprir suas promessas. Um exemplo de concessão real aparece em um texto de Ugarit, na região da Síria, em que o rei Ammistamru concedeu a Yatsiranu, seu vassalo, uma aldeia com tudo o que havia nela. Essa concessão de terra era "para sempre", alcançando também "seus filhos e netos". Até mesmo "o imposto de pastagem" dos trabalhadores da região seria pago a Yatsiranu.[21]

Os dois tipos de aliança e os exemplos que vimos até aqui nos ajudam a definir o conceito de aliança. *A aliança significa um compromisso solene que garante promessas ou obrigações assumidas por uma ou ambas as partes envolvidas nela, geralmente tendo Deus como testemunha ou em que Ele próprio é uma das partes, e que é confirmada por um rito ou símbolo concreto.*

Com essa definição, podemos entender melhor as formas comuns de alianças que Deus usou para realizar seu plano de redenção e estabelecer um relacionamento profundo e firme com seu povo.

AS ALIANÇAS DE DEUS COM SEU POVO

A ideia de aliança tornou-se central no pensamento do Antigo Testamento, estabelecendo a unidade estrutural de toda a Bíblia. O conceito de aliança implicava a convicção mais

---

[20] Merrill, *Teologia do Antigo Testamento*, p. 240.
[21] W. W. Hallo, *The Context of Scripture: Archival Documents from the Biblical World* (Leiden/Boston: Brill, 2003), vol. 3, p. 258.

profunda de Israel, isto é, sua consciência de uma relação sem igual com Deus.[22] As primeiras ocorrências de "aliança" (*b^erît*) estão ligadas à história do Dilúvio (Gênesis 6—9). Nela, o compromisso que o Senhor faz com Noé diz respeito à preservação dos seres vivos da destruição pelas águas. Aqui, encontramos o belo sinal do arco-íris, que serviria de memorial do compromisso de Deus com os homens.

> E Deus prosseguiu: "Este é o sinal da *aliança* que estou fazendo entre mim e vocês e com todos os seres vivos que estão com vocês, para todas as gerações futuras: o meu arco que coloquei nas nuvens. Será o sinal da minha *aliança* com a terra. Quando eu trouxer nuvens sobre a terra e nelas aparecer o arco-íris, então me lembrarei da minha *aliança* com vocês e com os seres vivos de todas as espécies. Nunca mais as águas se tornarão um dilúvio para destruir toda forma de vida. Toda vez que o arco-íris estiver nas nuvens, olharei para ele e me lembrarei da *aliança* eterna entre Deus e todos os seres vivos de todas as espécies que vivem na terra".
>
> Gênesis 9:12-16

De forma graciosa e apesar de saber que o coração humano "é inteiramente inclinado para o mal desde a infância" (Gênesis 8:21), o Senhor decidiu preservar os seres humanos e toda a criação, não mais destruindo-os por meio das águas. Essa aliança de Deus com Noé é do tipo

---

[22] Walther Eichrodt, *Theology of the Old Testament* (Philadelphia: Westminster, 1961), vol. 1, p. 17-8.

incondicional: o Criador cumprirá suas promessas sem exigir algo da humanidade em troca.

O compromisso de Deus com Noé era universal: a preservação dos seres vivos de uma destruição total pelas águas. Porém agora que as pessoas continuariam vivas e Deus não mais começaria tudo do "zero", como havia feito com Noé, de que forma Ele lidaria com o pecado humano, em especial depois do evento em Babel (Gênesis 11:1-9)? As páginas seguintes de Gênesis revelam o Senhor iniciando um relacionamento com um homem chamado Abrão, que vivia no sul da Mesopotâmia:

> Então o Senhor disse a Abrão: "Saia da sua terra, do meio dos seus parentes e da casa de seu pai, e vá para a terra que eu lhe mostrarei. Farei de você um grande povo, e o abençoarei. Tornarei famoso o seu nome, e você será uma bênção. Abençoarei os que o abençoarem e amaldiçoarei os que o amaldiçoarem; e por meio de você todos os povos da terra serão abençoados". [...] O Senhor apareceu a Abrão e disse: "À sua descendência darei esta terra".

Em vez de purificar a humanidade por meio de um dilúvio universal (Gênesis 6—8), Deus decidiu alcançá-la e abençoá-la por meio de um homem e sua família: "por meio de você todos os povos da terra serão abençoados" (12:3). As promessas feitas a Abrão são maravilhosas: "um grande povo", um nome famoso, a mediação das bênçãos e maldições divinas sobre todo o mundo e uma terra para seus descendentes viverem. Enquanto os habitantes de Babel queriam tornar o próprio nome famoso ao construírem uma torre monumental para ali permanecerem (11:3,4), Deus garante que tornará o nome de Abraão famoso se este saísse de sua terra (12:1,2).

Abraão obedeceu a Deus e partiu de sua terra com toda a sua família e chegou a Canaã (Gênesis 12:4-6). Passados vários anos, o Senhor apareceu a Abrão em uma visão, e este questionou a Deus a respeito da promessa: "'Ó Soberano Senhor, que me darás, se continuo sem filhos e o herdeiro do que possuo é Eliézer de Damasco?' E acrescentou: 'Tu não me deste filho algum! Um servo da minha casa será o meu herdeiro!'" (15:2,3). Deus, de forma paciente, convidou Abrão a sair de sua tenda e lhe disse: "Olhe para o céu e conte as estrelas, se é que pode contá-las". E continuou: "Assim será a sua descendência. [...] Eu sou o Senhor, que o tirei de Ur dos caldeus para dar-lhe esta terra como herança" (15:5,6). Abrão creu no Senhor e isso lhe foi atribuído como justiça (15:6). Abrão nada fez; apenas creu na promessa divina.

Então, o próprio Deus deixou claro para Abrão a confiabilidade de suas promessas ao estabelecer uma aliança com o patriarca de Israel. Ele ordenou que Abrão pegasse alguns animais e os cortasse ao meio (Gênesis 15:9-11) em um rito de aliança comum no antigo Oriente Próximo. Nele, as duas partes do acordo passavam de mãos dadas entre os animais mortos selando o compromisso e indicando um para o outro: se eu não cumprir a minha parte, o meu destino será o mesmo desses animais (Jeremias 34:17-20).[23]

---

[23] Rituais de aliança semelhantes foram encontrados em Mari, Alalakh e Arslan Tash. Veja Ralph Smith, *Teologia do Antigo Testamento: história, método e mensagem* (São Paulo: Vida Nova), p. 146.

bᵉrît

O que nos surpreende é que apenas Deus passa entre as partes dos animais enquanto Abrão dorme e ouve Deus lhe falar em uma visão (15:12-21).

> Depois que o sol se pôs e veio a escuridão, eis que um fogareiro esfumaçante, com uma tocha acesa, passou por entre os pedaços dos animais. Naquele dia o Senhor fez a seguinte *aliança* com Abrão: "Aos seus descendentes dei esta terra, desde o ribeiro do Egito até o grande rio, o Eufrates...".
> Gênesis 15:17,18

O "fogareiro esfumaçante, com uma tocha acesa" nada mais é que uma manifestação da presença de Deus por meio do fogo, de um modo semelhante ao que ocorreria mais adiante no monte Sinai (Êxodo 19:16-24).[24] O fato de apenas Deus passar pelos animais e somente Ele estabelecer a aliança (Gênesis 15:17-21) confirma o caráter incondicional da aliança, esperando de Abrão apenas a confiança (15:6). A aliança de Deus com Abrão é totalmente unilateral — depende apenas das promessas de Deus — e incondicional — o Senhor não impõe exigência alguma ao patriarca para o direito de sua família às promessas, embora espere uma resposta obediente dele e de seus descendentes (18:18,19).[25]

Em Gênesis 17, Deus confirma a aliança que já havia estabelecido com Abrão e muda o nome do patriarca para Abraão, "porque eu o constituí pai de muitas nações"

---

[24] Hamilton, *The Book of Genesis, Chapters 18–50*, p. 436-7.
[25] Darrell Bock; Craig Blaising, *Progressive Dispensationalism* (Grand Rapids: Baker Academic, 1993), p. 132.

(17:5). Nesse mesmo encontro, Deus estabelece um símbolo memorial para que Abraão e seus descendentes lembrassem do compromisso do Senhor com eles, a fim de ser "o seu Deus e o Deus dos seus descendentes" (17:7). O símbolo era a circuncisão em cada menino que nascesse (17:9-14). Quem não tivesse essa marca seria "eliminado do meio do seu povo" (17:14). A circuncisão não alterava o caráter incondicional da aliança, pois afetava apenas o indivíduo que não a tinha, enquanto a aliança com Abraão e com o restante de seus descendentes permanecia de pé.[26]

> Alguém poderia responder que a ordem para circuncidar certamente representa uma condição para herdar a promessa abraâmica. Entretanto, esse rito não é tratado como uma condição de herança, mas como um sinal e selo da herança para o herdeiro que já está designado para ela.[27]

Séculos mais tarde, a promessa de Deus de levar os descendentes de Abraão de volta para a Terra Prometida, depois de quatrocentos anos vivendo em território estrangeiro (Gênesis 15:13-16), finalmente se cumpriria. "Decorridos muitos dias, morreu o rei do Egito; os filhos de Israel gemiam sob a servidão e por causa dela clamaram, e o seu clamor subiu a Deus. Ouvindo Deus o seu gemido,

---

[26] "Todo indivíduo que não seja circuncidado quebra a aliança e é eliminado (17.14), mas a punição afeta só o indivíduo desobediente. 'A aliança como um todo permanece intocada'." (Ralph Smith, *Teologia do Antigo Testamento*, p. 147.)

[27] Michael Horton, *Introducing Covenant Theology* (Grand Rapids: Baker, 2010), p. 41-2 (edição Kindle).

b^erît

lembrou-se da sua aliança com Abraão, com Isaque e com Jacó" (Êxodo 2:23,24). A aliança de Deus com os patriarcas serviu de base para o chamado dele a Moisés como o mediador da libertação divina. Em seu diálogo com Moisés no evento da sarça ardente (Êxodo 3—4), o Senhor declarou:

> De fato, tenho visto a opressão sobre o meu povo no Egito, tenho escutado o seu clamor, por causa dos seus feitores, e sei quanto eles estão sofrendo. Por isso desci para livrá-los das mãos dos egípcios e tirá-los daqui *para uma terra boa e vasta,* onde manam leite e mel: *a terra dos cananeus, dos hititas, dos amorreus, dos ferezeus, dos heveus e dos jebuseus.*
>
> Êxodo 3:7,8

Os povos da terra para a qual o Senhor conduziria seu povo nos lembram da aliança firmada em Gênesis 15:17-21. E Deus cumpriu sua promessa com grande poder, executando juízo sobre o faraó e os deuses egípcios (Êxodo 12:12), humilhando-os "naquilo que se vangloriavam" (18:11) e libertando Israel da opressão na terra do Egito (12:31-42; 13:17-22; 15:1-21).

Agora que Israel estava livre do poder de faraó e herdaria a maravilhosa Terra da Promessa, a nação não deveria viver "livre, leve e solta", como um animal selvagem, mas sim, como seres humanos redimidos e trazidos para a um relacionamento com o Criador. Deus, então, estabelece outra aliança, que regularia o desfrute da aliança abraâmica. Enquanto a aliança feita *com Abraão* garantia *o direito* às promessas, a aliança *por meio de Moisés* estabelecia o critério para *o desfrute* das promessas. Diferentemente da aliança com o patriarca, o compromisso estabelecido no Sinai era condicional:

> Subiu Moisés a Deus, e do monte o Senhor o chamou e lhe disse: Assim falarás à casa de Jacó e anunciarás aos filhos de Israel: Tendes visto o que fiz aos egípcios, como vos levei sobre asas de águia e vos cheguei a mim. Agora, pois, *se diligentemente ouvirdes a minha voz e guardardes a minha aliança*, então, *sereis a minha propriedade peculiar dentre todos os povos*; porque toda a terra é minha; *vós me sereis reino de sacerdotes e nação santa*. [...] Veio Moisés, chamou os anciãos do povo e expôs diante deles todas estas palavras que o Senhor lhe havia ordenado. Então, o povo respondeu a uma: *Tudo o que o Senhor falou faremos*. E Moisés relatou ao Senhor as palavras do povo.
> Êxodo 19:3-6,8, ARA

Nessa passagem, Deus chama Israel a um compromisso semelhante aos tratados bilaterais do mundo antigo, que estudamos nas histórias de Abimeleque e Abraão, Labão e Jacó, Jônatas e Davi. Como o suserano, Ele introduz a aliança e chama Israel a obedecê-lo. A graciosa redenção de Deus deveria levar Israel ao serviço a Deus. Por isso, os Dez Mandamentos começam lembrando o povo de que sua obediência era uma resposta à graça divina: "Eu sou o Senhor, o teu Deus, que te tirou do Egito, da terra da escravidão" (Êxodo 20:2).

A aliança entre Deus e Israel foi selada com sangue de sacrifícios e com uma refeição comunitária (Êxodo 24:1-18).

bᵉrît

> Moisés tomou metade do sangue e o pôs em bacias; e a outra metade aspergiu sobre o altar. E tomou o livro da aliança e o leu ao povo; e eles disseram: "Tudo o que falou o Senhor faremos e obedeceremos". Então, tomou Moisés aquele sangue, e o aspergiu sobre o povo, e disse: *Eis aqui o sangue da aliança que o Senhor fez convosco a respeito de todas estas palavras.*
>
> Êxodo 24:3-8, ARA

As leis da aliança foram transmitidas (Êxodo 21—Deuteronômio 26), e a obediência a elas era uma exigência para o desfrute da terra (Deuteronômio 4:39-40), fertilidade humana, animal e de colheita (Deuteronômio 28:3-4,11); prosperidade material (28:8,12); vitória militar (28:7); soberania sobre as demais nações (28:13). Embora a terra de Canaã fosse *um direito* de Israel, o *desfrute* da terra e a prosperidade nela dependia da obediência do povo.

Suponha que você acabou de comprar à vista um novo carro, mas o documento dele ainda não está disponível. Ansioso para levar seu carro para casa, você conversa com o vendedor e pede para dirigi-lo da concessionária até sua residência, pois mora bem perto dali e não haverá maiores problemas no trânsito. Infelizmente, as coisas não saem conforme o planejado, e você sofre uma forte batida em um cruzamento próximo de sua casa. Um policial chega ao local e pede o documento do carro. Sem jeito, você explica a situação, mas o policial lhe responde: "Sinto muito, senhor. Teremos de apreender o seu carro. O senhor poderá retirá-lo quando apresentar o documento e pagar a multa devida." Chateado, você retorna a pé para casa enquanto aguarda o documento chegar e se prepara para pagar a multa.

Embora o carro esteja parado no pátio da delegacia, o carro continua pertencendo a você? Com certeza! Mas você pode desfrutar do carro sem o documento e sem pagar a multa? De modo algum! Essa é a diferença entre ter *o direito* ao carro e poder *desfrutá-lo*. O carro lhe pertence, mas você terá de esperar um pouco para usufrui-lo. Essa também é a diferença entre a aliança abraâmica (as bênçãos de Abraão como direito de Israel) e a aliança mosaica (o desfrute das bênçãos dependia da obediência do povo). Infelizmente a nação de Israel quebrou diversas vezes a aliança com Deus. E não demorou muito. Começou quando ainda estavam no deserto e fizeram um bezerro de ouro para adorar (Êxodo 32:1-8). O desfrute das bênçãos estava em risco.

De modo bondoso, o Senhor ainda fez outras duas alianças que envolviam a nação de Israel. A primeira foi com Davi e seus descendentes: "Quanto a você, *sua dinastia e seu reino permanecerão para sempre diante de mim*; o seu trono será estabelecido para sempre" (2Samuel 7:16). Certamente, Deus disciplinaria os filhos de Davi por sua desobediência, assim como um pai corrige seu filho (7:14). "Mas nunca retirarei dele o meu amor, como retirei de Saul, a quem tirei do seu caminho" (7:15).

Esse compromisso de Deus com Davi era incondicional e garantia a ele e a seus filhos *o direito permanente ao trono* de Israel, ainda que *o desfrute* desse direito pudesse ser *temporariamente interrompido*, como ocorreu no Exílio de Babilônia. Assim como a aliança com Abraão, o acordo de Deus com Davi era unilateral e incondicional, pois não dependia da obediência desse rei nem de seus descendentes (Salmos 89:30-34).

Ao final de sua vida, o próprio Davi reconheceu esse compromisso do Senhor com ele e sua família: "A minha dinastia está de bem com Deus. Ele fez uma *aliança eterna* comigo, firmada e garantida em todos os aspectos" (2Samuel 23:5).

A ESPERANÇA DE UMA NOVA ALIANÇA

Quando Israel estava no Exílio, desanimado e sofrendo as consequências de seu pecado previstas na aliança do Sinai,[28] o Senhor prometeu ao seu povo uma nova aliança.

> "Estão chegando os dias", declara o Senhor, "quando farei uma *nova aliança* com a comunidade de Israel e com a comunidade de Judá. *Não será como a aliança que fiz com os seus antepassados quando os tomei pela mão para tirá-los do Egito*; porque quebraram a minha aliança, apesar de eu ser o Senhor deles", diz o Senhor. "*Esta é a aliança* que farei com a comunidade de Israel depois daqueles dias", declara o Senhor: "*Porei a minha lei no íntimo deles* e a escreverei nos seus corações. Serei o Deus deles, e eles serão o meu povo. Ninguém mais ensinará ao seu próximo nem ao seu irmão, dizendo: 'Conheça ao Senhor', porque *todos eles me conhecerão*, desde o menor até o maior", diz o Senhor. "Porque *eu lhes perdoarei a maldade e não me lembrarei mais dos seus pecados*."
>
> Jeremias 31:31-34

---

[28] Levítico 26; Deuteronômio 28.

A esperança voltou a brilhar na vida de Israel. Embora estivessem sofrendo por causa de sua rebeldia e pecado, o Senhor reverteria a condição dos descendentes de Abraão, reunindo o povo novamente em sua terra (Ezequiel 34:12-13,22-25) e transformando a vida espiritual da nação. Como o profeta Jeremias anuncia, a instrução de Deus estaria no coração do povo, todos conheceriam a Deus de forma plena e teriam os seus pecados totalmente perdoados. Embora Israel fosse semelhante a um vale de ossos secos, Deus sopraria seu Espírito sobre a nação e lhe daria vida novamente (Ezequiel 37:1-14).

> "Então, *aspergirei água pura* sobre vós, e ficareis purificados; *de todas as vossas imundícias e de todos os vossos ídolos vos purificarei*. Dar-vos-ei *coração novo* e porei dentro de vós espírito novo; tirarei de vós o coração de pedra *e vos darei coração de carne. Porei dentro de vós o meu Espírito* e farei que andeis nos meus estatutos, guardeis os meus juízos e os observeis."
>
> Ezequiel 36.25-27, ARA

A nova aliança substituiria "a aliança que fiz com os seus antepassados quando os tomei pela mão para tirá-los do Egito" (Jeremias 31:32), ao mesmo tempo que preservaria e consumaria as alianças com Abraão e Davi (Jeremias 33:14-17,19-21a,23-26). Israel já não estaria mais debaixo da aliança do Sinai, mas experimentaria a concretização da esperança prometida a Davi e a Abraão.

Quando abrimos as páginas do Novo Testamento, deparamo-nos com aquele que é "filho de Davi, filho de Abraão",

Jesus, o Messias (Mateus 1:1). Diferentemente de Israel, Ele cumpre de modo perfeito a Lei e os Profetas (5:17) e revive a experiência da nação: vai para o Egito com seus pais (2:13-18), volta do Egito para a Terra Prometida (2:19-23), atravessa as águas no batismo de João (3:13-17), é tentado por quarenta dias no deserto, assim como Israel o foi por quarenta anos, mas vence a tentação (4:1-11) e sobe a um monte para transmitir seus mandamentos aos discípulos (5:1—7.24). Jesus é o Israel perfeito!

Em sua última noite de vida, Ele reuniu os discípulos e lhes anunciou que sua morte na cruz inauguraria a nova aliança: "Da mesma forma, depois da ceia, tomou o cálice, dizendo: 'Este cálice é a *nova aliança*[29] no meu sangue, derramado em favor de vocês'" (Lucas 22:20, ARA). Cristo se apresenta como o cumprimento das promessas de Deus a Israel e a resposta divina para um mundo caído e distante do Criador. Por isso, o apóstolo Paulo diz: "Pois quantas forem as promessas feitas por Deus, tantas têm em Cristo o 'sim'" (2Coríntios 1:20). Jesus Cristo demonstra a fidelidade de Deus em sua vida e ministério ao tornar-se o "sim" do cumprimento das alianças divinas.

Embora Paulo nos lembre de que uma conversão abrangente da nação de Israel e sua vida abençoada na Terra da Promessa ainda aguardam um momento futuro, na consumação da nova aliança (Romanos 11:25-32), já estamos

---

[29] Lucas usa a expressão *kainē diathēkē*, a mesma usada pelo texto de Jeremias 31:31 na versão grega do Antigo Testamento chamada Septuaginta (LXX). Essa tradução do hebraico para o grego foi realizada entre 250 e 150 a.C. por escribas judeus que viviam no Egito.

vivendo debaixo da nova aliança. Desfrutamos de perdão de pecados (Hebreus 9:15-28) e da presença do Espírito Santo, que habita em nós, abre nossos olhos para compreender e viver o evangelho e nos garante a redenção final na volta de Jesus (Efésios 1:7-14).

Ao estudarmos as alianças somos lembrados que servimos a um Deus Fiel, que cumpre suas promessas. Podemos descansar nelas e em tudo aquilo que Jesus conquistou por seu povo na cruz do Calvário. O cuidado de Deus por nós independe das circunstâncias, mas sim, de quem Ele é — seu caráter e seus atributos — e do seu relacionamento conosco. Por meio de Jesus Cristo e seu sacrifício na cruz, Deus inicia um relacionamento de aliança conosco, os que creem em Cristo, e nos torna seu povo (Mateus 26:28; Lucas 22:20; 1Coríntios 11:25). Portanto, podemos confiar no interesse cuidadoso, especial e perfeito de Deus por nós (Romanos 8:35-39; Hebreus 13:5-6).

Em Salmos 119:49, o fiel pede a Deus que se lembre das promessas feitas a ele, pois era nelas que colocava sua esperança. Há muitas promessas do Senhor a nós, que vivemos na realidade da nova aliança:

- Deus promete dar vida eterna e um relacionamento com Deus para os que confiam em Cristo como Salvador de sua vida (João 3:16-18).
- Deus promete suprir cada uma das nossas necessidades, como um pai que cuida de seus filhos, quando buscamos em primeiro lugar o reino dele (Mateus 6:25-33).
- Deus promete dar paz ao nosso coração ansioso ou preocupado quando apresentamos diante dele nossas súplicas, com ação de graças (Filipenses 4:6-7).

b^erît

- Deus promete perdoar nossos pecados quando os confessamos e confiamos no sangue de Jesus para nos purificar (1João 1:9—2:2).
- Deus promete estar conosco, capacitando-nos para a missão de fazer discípulos de todas as nações (Mateus 28:19,20).

Há uma bela história dos índios cherokees que serve de ilustração para entendermos a presença comprometida de Deus conosco.

O pai conduz o filho pela floresta sombria no final da tarde, sobe a montanha com ele, venda-lhe os olhos e o deixa sozinho. O menino se assenta e passa a noite sozinho, na mais absoluta escuridão. Se quiser ser aprovado, ele não pode remover a venda até o dia amanhecer. Também não pode chorar nem gritar por socorro. Se aguentar a noite toda, será considerado um homem por sua tribo. E, como os outros que vieram antes dele, não poderá contar a sua experiência aos próximos candidatos, porque cada um deve tornar-se homem do seu próprio modo, enfrentando o medo do desconhecido. Ele, naturalmente, está amedrontado.

O seu medo o faz ouvir toda espécie de barulho. Animais selvagens podem estar por perto. Talvez índios de uma tribo adversária o encontrem e o matem. Os insetos vão atormentá-lo. As cobras lhe causam terror. Ele sentirá frio, fome e sede. O vento sopra e até o solo parece se mexer. Tudo lhe parece ameaçador, mas ele não remove a venda.

Finalmente, após essa noite horrível, o sol aparece e o menino pode remover a venda. E vê, então, seu pai sentado ali por perto, cuidando dele a noite toda.

Em meio às mais terríveis noites da história humana, Deus nunca abandonou seu povo, mas estabeleceu alianças, fazendo promessas e cumprindo-as para trazer a redenção de que tanto precisamos. Podemos confiar na fidelidade de Deus, descansar em sua presença conosco e aguardar com esperança a vinda daquele que é o cumprimento das alianças, Cristo Jesus, nosso Salvador.

חָכְמָה

SABEDORIA

2

ḥokmâ

Conta-se a história de um jovem orgulhoso que foi a Sócrates pedir sabedoria. Ele caminhou até o importante filósofo e lhe disse: "Ó grande Sócrates, venho a ti para obter sabedoria".

Sócrates percebeu que aquele rapaz era um tolo fanfarrão. Por isso, conduziu-o pelas ruas até o mar. Entraram nas águas, que os cobriram até o peito. Então Sócrates perguntou: "O que você quer?"

"Sabedoria, ó grande Sócrates", disse o jovem com um sorriso.

Sócrates pôs as mãos fortes nos ombros do rapaz e o empurrou para baixo. Trinta segundos depois, Sócrates o soltou. "O que você quer?", perguntou novamente.

"Sabedoria", balbuciou o jovem, "ó grande e sábio Sócrates".

Sócrates o afundou novamente. Trinta segundos se passaram. Trinta e cinco. Quarenta. Sócrates o soltou. O homem estava ofegante.

"O que você quer, jovem?", perguntou o filósofo.

Entre respirações pesadas e ofegantes, o sujeito chiou: "Sssabedoria, ó maravilhoso Sócrates..."

Sócrates o empurrou novamente. Quarenta segundos se passaram. Cinquenta.

"O que você quer?"

"Ar!", o jovem gritou. "Eu preciso de ar!"

"Quando você quiser sabedoria como acabou de desejar o ar, então obterá sabedoria."[1]

Essa breve história apresenta um paralelo bem próximo da importância da sabedoria no Antigo Testamento. No início do livro de Provérbios, o mestre encoraja seu discípulo a "clamar" e "gritar bem alto" para obter "sabedoria" (Provérbios 2:3). Ela é tão preciosa quanto "a prata" ou "um tesouro escondido" (2:4). Se realmente desejamos ser sábios, precisamos buscar a sabedoria com a mesma intensidade que Indiana Jones[2] procurava seus tesouros perdidos. E o que é a "sabedoria"? Onde podemos encontrá-la? Como mantemos conosco esse bem tão valioso? As Escrituras nos apresentam o mapa para esse maravilhoso tesouro e a orientação sobre a melhor forma de preservá-lo.

A MULTIFORME SABEDORIA DOS HOMENS

A "sabedoria" (ḥokmâ) aparece nas páginas da Bíblia com uma variedade de ideias e nuances. Assim como na antiga

---

[1] Adaptado de "Wisdom". Disponível em http://www.sermonillustrations.com/ a-z/w/wisdom.htm. Acesso em: 30 de maio de 2022.

[2] Arqueólogo, professor e espião, o personagem da série *Indiana Jones*, criado por George Lucas e Steven Spielberg e interpretado pelo ator Harrison Ford, surgiu pela primeira vez em *Indiana Jones e os caçadores da arca perdida*, de 1981.

ḥokmâ

Mesopotâmia,³ a sabedoria poderia indicar certas habilidades técnicas ou profissionais. Uma faxineira caprichosa, um pedreiro habilidoso e ágil, um empresário bem-sucedido, um piloto experiente, um engenheiro competente e uma professora com excelente didática seriam considerados "cheios de sabedoria". Basicamente, o sábio era alguém com capacidade acima da média para realizar trabalhos ou tarefas específicos.⁴

Hirão, um artífice da cidade de Tiro, foi solicitado pelo rei de Israel para trabalhar na construção do templo, pois era um homem "cheio de *sabedoria* para fazer todo tipo de trabalho em bronze" (1Reis 7:14, Almeida Revista e Atualizada). No período da construção do tabernáculo, Bezalel havia sido capacitado por Deus com "sabedoria" para talhar e esculpir pedras, bem como para executar serviços com metais preciosos (Êxodo 31:3-5). As mulheres "sábias" na confecção de tecidos também ajudaram na edificação do antigo santuário de Israel (Êxodo 35:25).

Os marinheiros experientes e bem qualificados na arte de navegar eram considerados "sábios" (Ezequiel 27:8; Salmos 107:27). Havia ainda uma "sabedoria" política e militar, característica de imperadores que conquistavam nações e saqueavam seus tesouros (Isaías 10:13).⁵

---

[3] Roland K. Harrison, *Introduction to the Old Testament* (Peabody: Hendrickson, 2004), p. 1004.

[4] Barry J. Beitzel, "Wisdom, Wisdom Literature", in: Walter A. Elwell, *Baker Encyclopedia of the Bible* (Grand Rapids: Baker, 1988), vol. 2, p. 2149.

[5] Hans Walter Wolff, *Antropologia do Antigo Testamento* (São Paulo: Hagnos, 2008), p. 312; Michael V. Fox, "Three Theses on Wisdom", in: Mark Sneed (org.), *Was There a Wisdom Tradition?* (Atlanta: Society of Biblical Literature, 2015), p. 311.

Governantes e líderes precisavam de "sabedoria" para discernir entre o bem e o mal e julgar as questões trazidas pelo povo (Deuteronômio 1:12-17; 34:9; 1Reis 3:8-12; 2Crônicas 1:10). Um exemplo clássico é o das duas prostitutas que viviam na mesma casa em Israel, cada uma com sua criança. Uma delas havia perdido o filho durante uma noite, mas não o admitiu e reivindicou para si a criança viva da companheira (1Reis 3:16-22). Ao deparar-se com o litígio, Salomão pensou em uma forma de descobrir qual delas estava falando a verdade: mandou cortar o menino vivo e esperou a reação das mulheres (3:23-25). A mãe verdadeira, movida por amor a seu filho, imediatamente abriu mão do menino para preservar a vida dele, enquanto a mulher que mentia concordou em dividir a criança ao meio (3:26). O rei, então, não teve dúvidas. Ordenou que dessem a criança viva para aquela que havia rogado pela vida do menino (3:27). Ao ouvir sobre a sentença do rei, "todo o Israel [...] passou a respeitá-lo profundamente, pois viu que a *sabedoria* de Deus estava nele para fazer justiça" (1Reis 3:28).

Pessoas capazes de aconselhar outros a tomar decisões difíceis ou de fornecer auxílio para dirigir suas ações eram os "sábios" do mundo antigo (2Samuel 14:2-20; 16:23; 1Reis 10:24; Provérbios 10:14).[6] A sabedoria era um "produto" importante no antigo Oriente Próximo. Reis tinham seu

---

[6] William S. LaSor; David A. Hubbard; Frederic W. Bush, *Introdução ao Antigo Testamento* (São Paulo: Vida Nova, 1999), p. 497; Donald K. Berry, *An Introduction to Wisdom and Poetry of the Old Testament* (Nashville: Broadman and Holman, 1995) (edição kindle).

ḥokmâ

conselho de "sábios", o qual eles consultavam ao tomar decisões importantes. José foi considerado um homem sábio no Egito, bem como Daniel e seus amigos na Babilônia.[7]

Quando Nabucodonosor, rei do antigo Império Babilônico, teve um sonho que lhe causou perturbação, mandou chamar os sábios do seu reino, a fim de que lhe apresentassem a interpretação desse sonho (Daniel 2:2,3). Contudo, Nabucodonosor não se satisfez em contá-lo e esperar deles uma explicação. Ordenou que eles mesmos descrevessem o sonho (2:4-9), para que não fizessem um conluio e o enganassem quanto à interpretação correta (2.9). Se não descobrissem o sonho, sofreriam a vergonha pública com uma morte terrível e suas casas seriam totalmente destruídas (2:5), mas se declarassem o sonho e a sua interpretação, receberiam "presentes, recompensas e grandes honrarias" do rei (2:6). Nenhum sábio que estava diante de Nabucodonosor havia sido capaz de fazer o que foi pedido — era uma demanda impossível para eles (2:10,11).

A sentença de Nabucodonosor foi decretada: todos os "sábios" deveriam ser mortos — e isso chegou aos ouvidos de Daniel, pois também fazia parte desse grupo de elite do reino (2:13). Então, Daniel pediu um tempo ao rei, orou com seus amigos e recebeu de Deus a revelação do sonho misterioso (2:14-19). Ao receber a revelação divina sobre o sonho do rei, Daniel explodiu em louvor, reconhecendo que Deus é o proprietário supremo da sabedoria e o único que pode realmente concedê-la aos homens (Daniel 2:20-23):

---

[7] Warren W. Wiersbe, *Be Skillful* (Wheaton: Victor Books, 1996), p. 10.

Louvado seja o nome de Deus para todo o sempre;
A *sabedoria* e o poder a ele pertencem.
Ele muda as épocas e as estações;
Destrona reis e os estabelece.
Dá *sabedoria* aos sábios e conhecimento aos que sabem discernir. [...]
Eu te agradeço e te louvo, ó Deus dos meus antepassados;
Tu me deste *sabedoria* e poder,
E me revelaste o que te pedimos...

DEUS: O DONO DA SABEDORIA

Nas Escrituras, "toda sabedoria tinha origem em Deus e só estava à disposição dos homens porque eram criaturas de Deus, capazes de receber a revelação divina".[8] O Senhor, que é a fonte da sabedoria, é um ser pessoal, santo, justo e poderoso. Em sua sabedoria, Deus contou as nuvens (Jó 38:37), estabeleceu os alicerces da terra (Provérbios 3:19) e criou o mundo (Jeremias 10:12). A sabedoria, encontrada em Deus, é um atributo divino (Jó 12:13). Ela não pode ser achada na especulação humana. Somente o Senhor a concede para a orientação dos seres humanos, a fim de que vivam a melhor vida ética possível (Provérbios 2:6; Jó 11:6).

De fato, para a tradição sapiencial, a sabedoria está na presença de Deus desde a criação do mundo (Provérbios 9:22-31), e encontrá-la implica alcançar o favor do Senhor (Provérbios 9:35). Ao descrever o paradeiro da sabedoria,

---

[8] LaSor; Hubbard; Bush, *Introdução ao Antigo Testamento*, p. 498.

ḥokmâ

o texto de Jó 28 também mostra o íntimo relacionamento dela com Deus, o único que sabe onde a sabedoria habita (Jó 28:23,24). O desejo de relacionar Deus com a humanidade de forma mais direta deu origem à reflexão sobre a sabedoria. Por meio dela, Deus manifesta sua presença na vida de todas as suas criaturas.[9]

Deus conhece todas as coisas, e nada pode escapar de seu conhecimento: "E não há criatura que não seja manifesta na sua presença; pelo contrário, *todas as coisas estão descobertas e patentes aos olhos daquele a quem temos de prestar contas*" (Hebreus 4:13). O conhecimento de Deus abrange grandes coisas no universo, como o conhecimento de todas as estrelas (Salmos 147:4,5) e até de coisas pequenas, como detalhes de nossa vida — nosso sentar, levantar e deitar (Salmos 139:1-3). A sabedoria infinita de Deus inclui o seu conhecimento de tudo o que ocorrerá no futuro (Isaías 46:9-10).

> O conhecimento de Deus acerca do futuro é tão completo, como completo é seu conhecimento do passado e do presente; e isso é assim porque o futuro depende inteiramente dele. Se algo pudesse ocorrer de algum modo sem a direta ação ou permissão de Deus, isso seria independente dele, e logo Deus deixaria de ser Supremo.[10]

---

[9] James L. Crenshaw, "In Search of Divine Presence: Some Remarks Preliminary to a Theology of Wisdom", *Review and Expositor*, vol. 74, n. 3 (1977), p. 365.

[10] Arthur W. Pink, *Los atributos de Dios* (Pensacola: Chapel Library, 2020), p. 17.

Qualquer tentativa nossa de compreender a sabedoria e a mente de Deus é agir como um menino que pega, com a mão, a água do oceano e tenta colocá-la dentro de seu baldezinho. É impossível entender plenamente Deus e seus caminhos. Por essa razão, o apóstolo Paulo exclama em Romanos 11:33-36:

> *Ó profundidade da riqueza da sabedoria e do*
> *conhecimento de Deus!*
> Quão insondáveis são os seus juízos e inescrutáveisos
> seus caminhos!
> Quem conheceu a mente do Senhor?
> Ou quem foi o seu conselheiro?
> Quem primeiro lhe deu, para que recompense?
> Pois dele, por Ele e para Ele são todas as coisas.
> A Ele seja a glória para sempre! Amém!

Você já investiu tempo esta semana louvando a Deus por sua sabedoria imensurável? Você reconhece que só o Senhor conhece mentes e intenções de modo perfeito e que nós somos incapazes até mesmo de fazer uma avaliação exata de nossas motivações? "O coração é mais enganoso que qualquer outra coisa, e sua doença é incurável. Quem é capaz de compreendê-lo? Eu sou o Senhor que sonda o coração e examina a mente" (Jeremias 17:9,10). Quando reconhecemos a complexidade do nosso coração e seu potencial para enganar a si mesmo, somos levados a orar como o salmista: "Sonda-me, ó Deus, e conhece o meu coração; prova-me, e conhece as minhas inquietações. Vê se em minha conduta algo que te ofende, e dirige-me

ḥokmâ

pelo caminho eterno" (Salmos 139:23,24). Só Deus é capaz de enxergar plenamente como somos e nos convencer de pecados que precisamos confessar, expor desejos maus a serem abandonados, remover a culpa que não mais precisa ser carregada e nos apresentar à verdade que realmente nos liberta.

Esse Deus que tudo conhece (Hebreus 4:13) nos oferece sua Palavra perfeita, que "é viva e eficaz, e mais afiada que qualquer espada de dois gumes; ela penetra até o ponto de dividir alma e espírito, juntas e medulas, e julga os pensamentos e intenções do coração" (4:12). As Escrituras são esse espelho da alma que desnuda a real condição de nosso coração e nos ensina o caminho de justiça e misericórdia que precisamos trilhar para sermos homens e mulheres sábios.

O fato de Deus possuir sabedoria infinita pode produzir temor e desespero em nós, pois "conheces as nossas iniquidades; não escapam os nossos pecados secretos à luz da tua presença" (Salmos 90:8). Podemos ser como Adão e Eva, tentando esconder nossos pecados de Deus, enquanto "somos consumidos pela tua ira, e pelo teu furor, conturbados" (v. 7). Ou podemos nos lembrar de que Deus, com seu conhecimento infinito, demonstra sua compaixão: "Como um pai se compadece de seus filhos, assim o Senhor se compadece dos que o temem. Pois ele *conhece* a nossa estrutura e sabe que somos pó" (Salmos 103:13,14).

Exatamente porque "sua sabedoria é insondável" (Isaías 40:28), Deus não precisa de ninguém para aconselhá-lo, ensiná-lo ou mostrar o caminho que Ele deve seguir (Isaías 40:13,14). Deus é o dono e doador de toda a sabedoria de todos os sábios deste mundo. Provérbios 8:1,22-25 retrata a personificação da sabedoria:

> A sabedoria está clamando, o discernimento ergue a sua voz [...]. O Senhor me possuía como o princípio de seu caminho, antes das suas obras mais antigas; fui formada desde a eternidade, desde o princípio, antes de existir a terra. Nasci quando ainda não havia abismos, quando não existiam fontes de águas; antes de serem estabelecidos os montes e de existirem colinas eu nasci.

A sabedoria se encontra em Deus e é revelada na própria criação dele (Provérbios 8:26-31). Como um dos atributos comunicáveis do Senhor, Ele nos oferece a sua sabedoria (Provérbios 9:1-6). "Porque o Senhor dá sabedoria e da sua boca vem [...] o entendimento" (Provérbios 2:6). Ela nos mantém em harmonia com os princípios e propósitos que o Senhor estabeleceu no mundo. Isso não significa que não enfrentaremos provações e dificuldades, pois são parte da vida. Teremos, contudo, a capacidade de lidar com essas adversidades com sucesso para que cresçamos espiritualmente e o Senhor seja glorificado.

Em meio às provas da vida, podemos suplicar pela sabedoria de Deus para reagir a elas de uma forma que o glorifique: "Se algum de vocês tem falta de sabedoria, peça-a a Deus, que a todos dá livremente, de boa vontade; e lhe será concedida". Rejeitar a sabedoria que Deus nos oferece é fazer um mal a nós mesmos (Provérbios 8:36).

Se desejamos crescer em sabedoria, precisamos, antes de tudo, dobrar nossos joelhos e clamar a Deus pela sabedoria que Ele concede. Homens e mulheres sábios são pessoas dependentes de Deus e que reconhecem suas limitações para lidar com as complexidades da vida. Quem acha que sabe tudo e que tem todas as respostas para as questões da vida, na verdade, está muito distante da verdadeira sabedoria.

Nosso dia a dia está repleto de situações desafiadoras, e precisamos reconhecer que, muitas vezes, não temos uma resposta simples ou não sabemos como agir. Pais de adolescentes precisam de sabedoria para guiar seus filhos no temor do Senhor de um modo que expresse o equilíbrio de graça e santidade que vemos em Deus. Profissionais que lidam com uma equipe difícil necessitam da sabedoria do evangelho para demonstrar paciência e perdão nos relacionamentos e, ao mesmo tempo, integridade e transparência na execução de projetos. Se você é líder de uma igreja local e está aconselhando casais em situações difíceis no seu grupo, precisa antecipar as sessões de aconselhamento estudando as orientações sábias das Escrituras para um casamento que agrada a Deus e pedindo ao Senhor o discernimento para dizer palavras que trarão cura e restauração familiar (Provérbios 15:28; 18:21).

COMO CULTIVAR A SABEDORIA?

Várias vezes, somos exortados a buscar a sabedoria e viver uma vida sábia: "Procure obter *sabedoria*; use tudo o que você possui para adquirir entendimento" (Provérbios 4:7). "Tenham cuidado com a maneira como vocês vivem; que não seja como insensatos, mas *como sábios*" (Efésios 5:15). "Sejam *sábios no procedimento* para com os de fora" (Colossenses 4:5). A sabedoria nas Escrituras é mais que um conhecimento profundo e abrangente da revelação de Deus, envolvendo principalmente um entendimento prático de como aplicá-la à nossa vida. A Bíblia apresenta dois requisitos para o homem obter sabedoria: o primeiro é *o temor a Deus*; e o segundo, *acolher a Palavra de Deus*.

Dentre todos os temas da literatura sapiencial do antigo Israel, nenhum se destaca tanto quanto o *"temor do Senhor"*. Para o verdadeiro israelita, "toda sabedoria tinha origem em Deus e só estava à disposição dos homens porque estes eram criaturas de Deus, capazes de receber a revelação divina".[11] A ideia de "temor do Senhor" como princípio da sabedoria "aparece cinco vezes — com pequenas variantes — na literatura didática, algo que não ocorre com nenhuma outra frase", o que indica, portanto, sua importância para os autores da tradição sapiencial.[12] Observe as passagens em que essa expressão aparece:

> *O temor do Senhor* é o princípio do saber,
>   mas os loucos desprezam a sabedoria e o ensino.
>
>   Provérbios 1:7
>
> *O temor do Senhor* é o princípio da sabedoria,
>   e o conhecimento do Santo é prudência.
>
>   Provérbios 9:10
>
> *O temor do Senhor* é a instrução da sabedoria,
>   e a humildade precede a honra.
>
>   Provérbios 15:33

---

[11] LaSor; Hubbard; Bush, *Introdução ao Antigo Testamento*, p. 498.
[12] Gerhard Von Rad, *La sabiduría en Israel: los sapienciales, lo sapiencial* (Madrid: Fax, 1973), p. 92.

ḥokmâ

> *O temor do* Senhor *é o princípio da sabedoria;*
> revelam prudência todos os que o praticam.
>
> Salmos 111:10

> Eis que *o temor do* Senhor *é a sabedoria,*
> e o apartar-se do mal é o entendimento.
>
> Jó 28:28

A concepção de "temor do Senhor" como princípio do saber parece indicar tanto a devoção a Deus como parte principal do desenvolvimento da sabedoria quanto um modo de vida cujas escolhas acertadas refletem a reverência a Deus.[13] O temor de Deus é o elemento que nos conduz à sabedoria, nos capacita a adquiri-la e nos educa nela.[14]

Provérbios 16:6 traz duas implicações do conhecimento e do temor a Deus para nossa vida: "Com amor e fidelidade se faz expiação pelo pecado; com o temor do Senhor o homem evita o mal". Podemos confiar na graça perdoadora de Deus quando pecamos, mas, por outro lado, devemos temer a ira e a santidade de Deus quando somos tentados a pecar. Deus é tanto o "Pai das misericórdias e Deus de toda consolação" (2Coríntios 1:3) quanto "um Deus que manifesta cada dia o seu furor" (Salmos 7:11). Temer a Deus implica dar a Ele o valor que lhe é devido. Significa reconhecer sua grandeza e majestade e, ao mesmo tempo, seu amor e sua graça, vivendo de acordo com essas realidades.

---

[13] Berry, *An Introduction to Wisdom and Poetry of the Old Testament* (edição kindle).
[14] Von Rad, *La sabiduría en Israel*, p. 94.

Ao examinar duas passagens do Pentateuco em que a ideia de temor do Senhor ocorre — em oposição a pecar (Êxodo 20:20) e como sinônimo de "guardar seus mandamentos" e "ouvir a sua voz" (Deuteronômio 13:3,4) —, Walter Brueggemann declara: "O temor como obediência ao que Israel é chamado não consiste em terror ou medo, mas na receptividade à vontade de Deus [...] e essa vontade é revelada nos mandamentos". Por isso, "temor de Deus" implica não um mero exercício do intelecto, mas uma premissa com base na qual devemos edificar e desenvolver as relações sociais. Assim, o temor a Deus "é um chamado a abandonar modos de relacionamento social que não apenas alienam de Yahweh, mas também do próximo".[15]

Esse elemento de fé pessoal ("temor") em um Deus pessoal distingue a sabedoria hebraica da egípcia, por exemplo. Para a última, o conceito impessoal de "justiça" (*maat*) era central. Para os antigos israelitas, o êxito na obtenção de sabedoria não consistia simplesmente em submissão às instruções sábias, mas em "confiança, reverência e submissão ao Senhor (Provérbios 1:7; 3:5,6; 9:10), que criou todas as coisas e governa tanto o mundo da natureza quanto a história (3:19,20; 16:4; 21:1)".[16] "Em Israel, a capacidade de conhecimento do homem nunca se afastou do fundamento de sua existência total; isto é, nunca rompeu seu vínculo com Deus para atuar de forma autônoma."[17]

---

[15] Walter Brueggemann, "Praise to God is the end of Wisdom: What is the Beginning?", *Journal for Preachers*, vol. 12, n. 3 (1989), p. 31.

[16] Allen P. Ross, "Proverbs", in: Frank E. Gabelein, *The Expositor's Bible Commentary* (Grand Rapids: Zondervan, 1991), vol. 5, p. 885.

[17] Von Rad, *La sabiduría en Israel*, p. 96.

Todo pecado que cometemos é um desprezo a Deus e demonstração de total incredulidade para com Ele. Temer a Deus é levá-lo a sério. Quando mentimos, revelamos que de fato não cremos no Deus cuja Palavra é verdade e totalmente digna de confiança. Quando difamamos alguém, não cremos que Deus é o único Juiz Supremo, mas queremos tomar o lugar dele ao julgar outros. Quando reclamamos, não acreditamos que Deus seja, de fato, gracioso e que tudo o que Ele faz seja bom. Temer a Deus é dar atenção a tudo o que Deus afirma acerca de si mesmo em sua Palavra e viver de acordo com essa revelação de forma prática diante das situações que enfrentamos. Devemos temer a Deus e obedecê-lo porque um dia daremos conta de nossa vida a Ele (Eclesiastes 12:13,14). Isso nos leva "a evitar o mal" (Jó 28:28), e até a odiá-lo, como Deus o faz (Provérbios 8:13).

Conta-se a história de um sábio que conduziu seu aprendiz pela floresta. Embora mais velho, caminhava com agilidade, enquanto o rapaz escorregava e caía a todo instante. O aprendiz blasfemava, levantava-se, cuspia no chão traiçoeiro e continuava a acompanhar seu mestre. Depois de uma longa caminhada, sem nada dizer, o sábio virou-se e começou a viagem de volta.

— Você não me ensinou nada hoje — diz o aprendiz, logo após levar mais um tombo.

— Ensinei sim, mas parece que você não quer aprender. Estou tentando lhe ensinar como se lida com os erros da vida.

— E como se lida com eles?

— De mesma forma que deveria lidar com seus tombos — responde o sábio — em vez de ficar praguejando o tempo todo, procure descobrir o que está lhe fazendo escorregar e cair.

Pessoas com sabedoria têm a capacidade de lidar com a vida de forma humilde, honesta, grata e corajosa, a fim de que a vontade de Deus seja cumprida em seu viver. Conforme observamos, as palavras hebraicas para "sábio" e "sabedoria" são usadas para descrever pessoas hábeis em trabalhar com as mãos, como artesãos ou costureiras (Êxodo 28:3; 35:1—36:2). A sabedoria envolve a aplicação habilidosa do conhecimento à vida e afeta todas as áreas de nossa existência. Ela estabelece a ordem e o propósito da vida, dá discernimento na tomada de decisões e proporciona uma sensação de realização em nosso dia a dia para a glória de Deus.[18]

Em Tiago 3:13, encontramos a marca prática de alguém que é dirigido pela sabedoria divina: a "mansidão" ou "humildade". A palavra grega abrange esses dois sentidos. Em Tiago 1:21, ela aparece quando o autor diz que devemos aceitar "humildemente" a palavra do evangelho que nos foi anunciada. Por outro lado, Paulo questiona os coríntios se esperavam que ele os encontrasse com uma vara ou com um espírito de "mansidão" (1Coríntios 4:21). Tanto Gálatas 6:1 quanto 1Pedro 3:15,16 mostram que os dois sentidos podem andar juntos, e parece ser essa a ideia em Tiago 3:13. Ser sábio implica reconhecer nossa pequenez e agir com os outros de uma forma mansa, não como um superior que dá ordens e despreza os demais, mas como um servo que se coloca à disposição para o bem do outro.

---

[18] Wiersbe, *Be Skillful*, p. 11.

ḥokmâ

O segundo requisito para obter sabedoria é *acolher a Palavra de Deus*. A sabedoria é concedida apenas àqueles que mergulham nas Escrituras:

> Os teus mandamentos me tornam mais sábios que os meus inimigos, porquanto estão sempre comigo. Tenho mais discernimento que todos os meus mestres, pois medito nos teus testemunhos. Tenho mais entendimento que os anciãos, pois obedeço aos teus preceitos.
>
> Salmos 119:98-100

Somente por meio da Palavra de Deus, podemos conhecê-lo e temê-lo. Os colossenses seriam capazes de instruir e aconselhar uns aos outros em toda a sabedoria a partir do momento em que a Palavra de Cristo habitasse ricamente neles (Colossenses 3:16). Paulo declarou a Timóteo que as Sagradas Letras das Escrituras lhe dariam as condições para desenvolver com sabedoria sua salvação em Cristo Jesus (2Timóteo 3:15).

James Packer chama a nossa atenção para a importância da leitura e do conhecimento da Palavra de Deus para sermos cristãos sábios:

> Tenho grande receio de que um grande número dos que professam pertencer a Cristo hoje em dia nunca aprendem a ser sábios, porque não prestam a atenção necessária à Palavra escrita de Deus. [...] William Gouge, o puritano, lia regularmente quinze capítulos por dia. O falecido arquidiácono T. C. Hammond tinha o hábito de ler a Bíblia inteira quatro vezes no ano. Quanto tempo faz que lemos a

Bíblia do começo ao fim? Dedicamos o mesmo tempo diário à Bíblia que dedicamos ao jornal? Como somos tolos! E assim continuamos por toda a vida, simplesmente porque não queremos nos incomodar em fazer o que precisamos para receber essa sabedoria que é um dom gratuito de Deus.[19]

CONCLUSÃO

A sabedoria de Deus deve provocar em nós reverência e nos motivar a conhecê-lo mais e mais, tendo a confiança de que o Senhor nos dá as condições necessárias para crescer em sabedoria por meio de sua Palavra e de seu Espírito.

Não sejamos como o povo de Israel no passado, que era "uma nação sem juízo" e sem "discernimento" (Deuteronômio 32:28). As páginas da história estão cheias de nomes de pessoas brilhantes e talentosas que foram inteligentes o suficiente para se tornarem ricas e famosas, mas não sábias o suficiente para ter uma vida realmente satisfatória. Antes de sua morte, um dos homens mais ricos do mundo disse que teria dado toda a sua riqueza para fazer um de seus seis casamentos dar certo.

Há uma música sobre a "sabedoria" que minhas filhas escutam com frequência. Embora seja uma canção infantil, seu refrão resume bem a decisão que você e eu precisamos tomar em todo momento de nossa vida:

---

[19] James I. Packer, *El conocimiento del Dios santo* (Miami: Vida, 2006), p. 131.

ḥokmâ

> Sabedoria é escolher o melhor caminho
> Fazer a vontade de Deus cada minutinho
> Ela vem de Deus, não posso ter sozinho
> O que você vai pedir?

A escolha está diante de nós. Tanto a dona Sabedoria (Provérbios 9:1-12) quanto a Insensatez (9:13-18) já prepararam seus banquetes e fazem o mesmo convite aos seres humanos: "Venham todos os inexperientes" (9:4,16). No banquete da primeira, há instrução, entendimento e temor do Senhor (9:6-10). Já na festa da segunda, há o prazer imediato do pecado (9:17). Ouvir a sabedoria nos trará "vida" (9:6,11). Atender ao convite da insensatez resultará em "morte" (9:18). De qual banquete você participará?

חֶסֶד

AMOR LEAL
AMOR VERDADEIRO

3

ḥeseḏ

Depois de ter seu coração congelado tentando trazer sua irmã de volta a Arendelle, a princesa Anna acreditava que o príncipe Hans fosse seu amor verdadeiro e que o beijo dele poderia aquecer seu coração novamente, salvando-a da morte. No entanto, ao encontrar-se com Hans, ela descobre que ele não a amava, mas a enganou para assumir o controle do reino de Arendelle. Abandonada em uma sala fria e cada vez mais próxima da morte, Anna é socorrida por Olaf, o boneco de neve que está pronto a ajudar a princesa naquela difícil situação. Eles precisam descobrir um ato de amor verdadeiro que salve Anna antes que ela congele totalmente.

Nesse momento, a princesa diz a Olaf: "Eu nem sei o que é amor".

O boneco então a acalma e responde: "Amar é colocar as necessidades de alguém acima das suas...". Anna então é lembrada daquilo que Kristoff, o jovem rapaz que vivia nas montanhas, havia feito em sacrifício por ela. A atitude altruísta desse jovem em favor de Anna remetia ao verdadeiro significado do amor. Contudo, de modo ainda mais surpreendente, a salvação de Anna daquela condição se manifestaria no ato de amor verdadeiro de sua própria irmã, a princesa Elsa.[1]

Uma das palavras mais usadas no Antigo Testamento para falar sobre amor verdadeiro é *ḥesed*, a manifestação prática do amor leal entre amigos, familiares e, principalmente, do amor de Deus para com seu povo. Os fiéis do antigo Israel podiam clamar pela ajuda de Deus em situações difíceis, crendo que o Senhor era um Deus de amor verdadeiro.

ḥesed COMO MANIFESTAÇÃO PRÁTICA DE AMOR

A cultura popular tende a ver o amor como "um sentimento", algo que "mexe com minha cabeça e me deixa assim",[2] conforme já dizia um clássico da música sertaneja. O jovem apaixonado pode declarar a uma moça que a ama movido por uma forte sensação, mas abandoná-la algumas semanas depois por causa de outra pessoa. Nas Escrituras, o "amor verdadeiro", ou *ḥesed*, é fundamentalmente prático. Aquilo que faço, não o que sinto, demonstra a realidade do amor.

Um fenômeno que chama a atenção no Antigo Testamento é a combinação do verbo *'āśâ* ("fazer", "praticar")

---

[1] Frozen - Uma aventura congelante. Disney, 2014. Direção: Chris Buck e Jennifer Lee. Roteiro: Jennifer Lee, Hans Christian Andersen.

[2] Música: *É o amor*. Composição: Zezé Di Camargo, 1991. Álbum: *Zezé Di Camargo & Luciano*, 1992, Gravadora Copacabana.

ḥeseḏ

com o substantivo *ḥeseḏ* ("amor leal", "amor verdadeiro"), gerando a expressão "praticar amor leal". Ou seja, o amor verdadeiro é visível em uma ação. Depois de interpretar o sonho do copeiro de faraó, José pede ao copeiro que, ao sair da prisão, lembre-se dele e mencione José ao faraó para que seja tirado da prisão, pois estava ali injustamente, sem nada ter feito para merecer a punição (Gênesis 40:12-15). Nesse contexto, o ato de ajudar José a sair da prisão injusta é descrito como "praticar amor leal" para com ele.[3]

Um pouco mais adiante, José é solicitado a "praticar amor leal" para com seu pai depois que este morresse, levando-o do Egito e sepultando-o na Terra da Promessa (Gênesis 47:29,30). Jacó não pergunta a José se o seu filho o ama, mas pede para que demonstre amor verdadeiro mediante o sepultamento de Jacó junto a seus antepassados. Amar é agir.

O *ḥeseḏ* ganha novos contornos quando vemos sua manifestação em histórias de mulheres estrangeiras que demonstram "amor leal" por indivíduos específicos da comunidade de Israel.

Quando a missão dos espias enviados por Josué a Jericó quase se tornou um fiasco — já que rapidamente os inimigos descobriram a localização deles e o governante de Jericó enviou seus representantes à casa de Raabe (Josué 2:1-3) —, Raabe, a dona da hospedaria[4], escondeu

---

[3] Hebraico: *weʻāśîṯo-nnāʼ ʻimmāḏî ḥāseḏ*.

[4] É provável que a casa de Raabe servisse de hospedaria ou hotel local da cidade de Jericó. Estudiosos têm sugerido que Raabe provavelmente era uma "dona de hospedaria", já que esses locais eram, em geral,

os dois israelitas no terraço de sua casa e os protegeu de serem capturados pelos adversários cananeus (2:4-7). Essa ação de Raabe foi totalmente voluntária, sem qualquer pressão dos espias. Seria mais fácil entregá-los às autoridades da cidade, mas em uma ação concreta de graça e bondade preservou a vida deles arriscando ser descoberta e morrer por isso.

O que Raabe fez é descrito no texto como "praticar amor verdadeiro": "E agora, jurai-me pelo Senhor que eu *pratiquei convosco amor verdadeiro* e vós também *praticareis amor verdadeiro* com a casa de meu pai" (Josué 2:12, tradução do autor). "Amor verdadeiro" aqui é uma ação totalmente voluntária e que busca o bem do outro ao proteger a vida dele. Não há necessidade de compromisso anterior para que o *ḥeseḏ* seja manifesto, basta uma decisão do agente que o pratica de buscar o bem do outro, evitando que seu beneficiário sofra algum tipo de perigo ou sério prejuízo.[5]

A narrativa de Rute também ilustra o amor verdadeiro de uma jovem moabita pela família de seu marido falecido. Mesmo com a insistência de Noemi para que ficasse em

---

imorais e poderiam estar associados à prostituição. O termo babilônico antigo para se referir a um dono/a de hospedaria ficou associado, posteriormente, com a palavra aramaica de mesma raiz para "dono/a de boteco/bar". Daí talvez a relação entre prostituição e hospedaria, a ponto de a dona do local ser chamada de *zonâ*, "prostituta". Em seu livro *Antiguidades dos Judeus*, o historiador Josefo já defendia essa hipótese e era acompanhado pela tradição judaica (Talmude e Targum: "foram para a casa de *uma dona de hospedaria*, e o nome dela [era] Raabe"). Ver D. J. Wiseman, "Rahab of Jericho", *Tyndale Bulletin*, vol. 14 (1964), p. 8-11.

[5] Carsten Ziegert, "What is חֶסֶד? A frame-semantic approach", *Journal for the Study of the Old Testament*, vol. 44, n. 4 (2020), p. 711-32.

Moabe (Rute 1:7-15), Rute decide acompanhar sua sogra na viagem de volta a Belém, assumindo um compromisso radical de lealdade com Noemi. Em vez do conforto e da possibilidade de começar uma nova família em Moabe, Rute escolhe as incertezas de uma vida como viúva e estrangeira na terra de Judá. Mais adiante, quando providencialmente Rute conhece Boaz, parente de sua sogra, e roga a ele para que se casem, a fim de resgatar as terras e o nome de seu marido falecido, o próprio Boaz reconhece a atitude de Rute como expressão de amor verdadeiro:

> O Senhor a abençoe, minha filha! Este seu gesto de *bondade* [*ḥeseḏ*] é ainda maior do que o primeiro, pois você poderia ter ido atrás dos mais jovens, ricos ou pobres!

Tanto a decisão de acompanhar sua sogra no retorno a Belém quanto a disposição de casar-se com um homem mais velho para manter vivo o nome de seu marido eram manifestações concretas de *ḥeseḏ*, um amor desinteressado. Malom, o falecido esposo de Rute, não tinha nada a lhe oferecer em troca. Mesmo assim ela o amou, assim como amou sua idosa e desesperançosa sogra. Como lembra o estudioso Baruch Levine, a essência do sentido de *ḥeseḏ* é "um ato de bondade e amor realizado sem a expectativa de recompensa ou reciprocidade".[6]

Assim, dois importantes exemplos humanos de "amor verdadeiro" (*ḥeseḏ*) no Antigo Testamento são o de duas

---

[6] Baruch Levine, "On the concept of *ḥeseḏ* in the Hebrew Bible", *The Living Pulpit* (Fall, 2013), p. 6.

mulheres estrangeiras, Raabe (cananeia) e Rute (moabita). Deus ama as mulheres e ama os estrangeiros a ponto de usá-los como exemplos vivos de seu amor por seu povo.

O amor de Deus pelos seres humanos não é uma abstração teórica nem são promessas vazias, mas atos concretos de salvação e graça. O salmo 106 está repleto dessas lembranças do "amor verdadeiro" de Deus por Israel. O autor convoca Israel: "Deem graças ao Senhor porque ele é bom; o seu *amor* [ḥeseḏ] dura para sempre" (v. 1). Ele realizou "maravilhas", ou milagres, no Egito para libertar Israel da escravidão e lhe dar uma nova vida (106:7). Isso nada mais é que a "riqueza de teu *amor leal*" (106:7, tradução minha). O retorno do cativeiro para a terra de Judá era outra manifestação vívida do amor leal e salvador de Deus (106:45). Ao tirar Israel de situações de opressão e quase morte, o Senhor demonstrava a seu povo que o amava de verdade.

O AMOR DE DEUS QUE NOS SOCORRE E NOS REDIME

Muitas vezes, pais experimentam a dinâmica de um amor que socorre o outro em situações de adversidades ou perigos. Lembro quando nossa filha mais velha ainda era bebê e estava com gripe forte e febre, a ponto de chorar constantemente e não conseguir dormir. Estávamos em um final de semana intenso com a igreja e com outras atividades, mas deixamos o aconchego de nosso lar para correr ao hospital e ali passar boa parte da madrugada para descobrir que mal a acometia e saber qual medicação era necessária para curar sua doença e aliviar seu sofrimento.

ḥeseḏ

Recentemente, um amigo meu, cujo filho mais novo tem problemas sérios de coração, não poupou esforços para fazer uma longa viagem de avião de ida e volta num espaço de 24 horas para que seu bebê fizesse os exames necessários e tivesse o atendimento médico adequado para continuar o tratamento do coração.

Isso é *ḥeseḏ*, amor verdadeiro, que não poupa esforços para socorrer e curar, cuidar e proteger. É o amor do Senhor que resgata seu povo e o livra das mãos do inimigo (Salmos 107:1-3), que o guia ao longo do deserto (Êxodo 15:13) e lhe dá uma terra como herança (Salmos 136:21,22). Esse amor também é demonstrado na vida individual de seus servos: "Exultarei com grande alegria por *teu amor* [*ḥeseḏ*], pois viste a minha aflição e conheceste a angústia da minha alma. Não me entregaste nas mãos dos meus inimigos; deste-me segurança e liberdade (Salmos 31:7,8).

Quantas vezes em nosso dia a dia experimentamos esse amor do Senhor que nos socorre nas tribulações e nos protege com sua firme e doce mão? David Merkh conta um exemplo de como Deus manifestou seu cuidado especial na vida da família dele:

> Depois de um dia cansativo estávamos assistindo a um vídeo na casa de amigos. Keila, nossa quinta filha e ainda neném, estava deitada no chão e brincando na sua colcha. Peguei-a para desfrutar de um tempo "pai-filha", quando de repente senti uma sensação estranha nos meus dedos. Olhei e vi uma cobra coral passando por cima do meu pé descalço e, depois, debaixo da colcha da Keila. Era pequena,

mas tão perigosa como seu bisavô — especialmente para um neném.[7]

A preservação da pequena Keila ocorreu por uma questão de minutos quando seu pai a pegou no colo, em vez deixá-la na colcha por onde a venenosa cobra coral passaria. Uma ação despretensiosa de um pai, mas planejada por um Deus de amor, a fim de proteger aquela pequena vida.

O amor do Senhor o leva a nos socorrer em nossas adversidades e a prover a maior redenção de todas, superior até mesmo à redenção de Israel do Egito. Que redenção é essa? O apóstolo Paulo responde: "Deus demonstra seu amor por nós: Cristo morreu em nosso favor quando ainda éramos pecadores" (Romanos 5:8).

O "amor verdadeiro" de Deus é tão elevado que está "muito acima dos céus" (Salmos 108:4) e é tão abundante e suficiente que enche toda a terra (119:64). Quando Deus concede a Moisés a oportunidade de ter um vislumbre de sua glória, o líder da nação de Israel reconhece que o Senhor é "cheio de *amor* e de fidelidade" (Êxodo 34:6). Na dimensão temporal, somos informados de que "o seu *amor* dura para sempre" (Salmos 107:1). O povo da nova aliança experimenta esse amor de um modo tão profundo que tem a certeza de que "nem morte nem vida, nem anjos nem demônios, nem o presente nem o futuro, nem quaisquer poderes, nem altura nem profundidade, nem qualquer

---

[7] David Merkh, "Memoriais da fidelidade de Deus". Disponível em: https://conscienciacrista.org.br/blog/memoriais-da-fidelidade-de-deus--serie-criacao-de-filhos. Acesso em 1 de março de 2022.

outra coisa na criação será capaz de nos separar do amor de Deus que está em Cristo Jesus" (Romanos 8:38,39).

NOSSA RESPOSTA: LOUVOR E CONFIANÇA

Como devemos responder a esse amor tão profundo e real? *A primeira reação* ao ḥeseḏ de Deus que vemos de modo recorrente nos Salmos é *a gratidão e o louvor*. Depois de relembrar diversos atos de salvação amorosa e poderosa de Deus, o salmista declara: "Que eles *deem graças ao* S<small>ENHOR</small>, *por seu amor leal* e por suas maravilhas em favor dos homens. Que eles ofereçam sacrifícios de ação de graças e anunciem as suas obras com cânticos de alegria (Salmos 107:21,22).

Quando trazemos à memória o que Deus tem feito em nossa vida por seu "amor verdadeiro", somos movidos a render-lhe graças em uma alegre explosão de louvor: *"Louvado seja Deus*, que não rejeitou a minha oração nem afastou de mim *o seu amor!"* (Salmos 66:20).

Cultive a lembrança e a gratidão diária pelos grandes feitos de Deus em favor de seu povo e em sua vida, como servo ou serva dele. Fazemos isso quando nos reunimos a cada domingo com a comunidade de pecadores redimidos de que fazemos parte e entoamos louvores ao Deus de nossa salvação. Podemos fazer isso também no âmbito familiar. Nossa família tem cultivado a celebração do Dia de Ação de Graças não pelo desejo de importar um feriado, mas porque percebemos o quão importante é lembrar e louvar a Deus por aquilo que Ele tem feito por nós.

No final de 2018, nossa família separou um tempo para recordar o cuidado de Deus em um ano de gravidez bem difícil para minha esposa. Ela precisou fazer um repouso mais intenso para não perder nossa filha mais nova e isso nos levou a cancelar diversos compromissos. Contudo, meses depois, foi maravilhoso contemplar o amor de Deus por nós ao olhar para aquela bebezinha saudável em nosso colo. No final do ano seguinte, lembramos como Deus nos deu força para cuidar das meninas e dos ministérios da igreja em meio a uma crise de hérnia de disco fortíssima que eu tive. Estávamos ali reunidos naquele final de novembro, eu com menos dor, lembrando como o Senhor nos carregou no colo durante aquele período. Quais são os seus motivos de gratidão? O que Deus tem feito por você e por sua família? Não deixe de lembrar de nenhum dos atos de amor leal do Senhor.

A gratidão e o louvor andam de mãos dadas com a prática da recordação. Precisamos trocar a *amnésia espiritual*, o esquecimento constante de um coração pecador com respeito ao que Deus tem feito por nossa vida, pelo cultivo da *anamnese doxológica*, a recordação dos grandes feitos de Deus que nos impulsiona ao louvor por seu amor, que dura para sempre (Salmos 106:1-3; 107:1-3). *"Cantarei para sempre o amor* [ḥeseḏ] *do* Senhor; *com minha boca anunciarei a tua fidelidade por todas as gerações"* (Salmos 89:1).

Não é à toa que as Escrituras nos chamam a "prestar atenção" ou "considerar" o *amor leal* de Deus (Salmos 107:43), a "meditar" nele (48:9), a "compartilhá-lo" com outras pessoas (Salmos 92:2) e a proclamá-lo diante de seu povo reunido (Salmos 40:10). Nesse sentido, a lembrança e louvor parecem alimentar-se mutuamente, como Claus Westermann observa:

"Bendize, ó minha alma, ao SENHOR, e não te esqueças de nem um só de seus benefícios." Esses dois chamados têm basicamente o mesmo significado. [...] O paralelismo entre "bendizer" e "não esquecer" expressa uma verdade profunda: apenas aqueles que louvam não se esquecem. Alguém pode até falar sobre Deus, e ainda assim esquecê--lo por muito tempo. [...] O esquecimento e o afastamento de Deus sempre começam quando o louvor é silenciado. O segredo do louvor é o poder que ele tem para nos ligar a Deus. Por meio do louvor, um indivíduo permanece com Deus.[8]

A *segunda reação* à manifestação do amor verdadeiro como parte integral do caráter de Deus é *a confiança e a dependência* desse amor. Quando entendemos que Deus é "cheio de amor leal" (Êxodo 34:6, tradução do autor), podemos recorrer a Ele como um filho que corre para os braços do pai em um momento de medo ou desespero no meio da noite. Constantemente, homens e mulheres do passado, em momentos sombrios da vida, clamaram pelo socorro de Deus com base em seu ḥesed. Esses fiéis sabiam que podiam confiar no Senhor e depender de seu cuidado e proteção.

Cercado por inimigos que desejavam o seu fracasso (Salmos 13:4) e com a morte diante de si (Salmos 13:3), o salmista não abandona sua esperança em Deus, mas declara: "Eu, porém, *confio em teu amor*; o meu coração exulta em tua salvação" (Salmos 13:5). Apesar de uma dificuldade que

---

[8] Claus Westermann, *The Psalms: Structure, Content and Message* (Minneapolis: Augsburg, 1980), p. 6.

durava muito tempo (várias vezes, ele diz: "Até quando ...?", 13:1,2), a confiança no amor verdadeiro de Deus o levaria a cantar ao Senhor pelo bem que este havia derramado sobre ele (13:6).

Em outra situação, um fiel sentia-se afogando em areia movediça que o cobria quase completamente (Salmos 69:2,14). Sua garganta cansava-se de tanto gritar por socorro e seus olhos desfaleciam (69:3), seus inimigos eram mais numerosos que os cabelos de sua cabeça (69:4), seus próprios irmãos se distanciavam dele (69:8) e até os bêbados zombavam do salmista (69:12). Em uma situação tão terrível, ele reconhece sua dependência de Deus e clama pela ajuda do Senhor com base em seu "amor verdadeiro": "Responde-me, Senhor, porque o teu *amor verdadeiro* é bom; por tua grande misericórdia, volta-te para mim" (69:16, tradução do autor). Os inimigos incontáveis, o peso da solidão e a zombaria generalizada não eram maiores do que o amor verdadeiro de Deus pelo salmista. Por isso, ele manifesta sua esperança: "Louvarei o nome de Deus com cânticos e proclamarei sua grandeza com ações de graças" (69:30).

Em nossos momentos de tribulações e angústias, buscamos Deus e dependemos de seu "amor leal" ou recorremos aos nossos planos, recursos ou a alguma ajuda humana? Você se derrama diante do Senhor em oração, clamando pela ajuda e auxílio dele, ou se apoia exclusivamente em sua própria sabedoria e nos recursos que você conquistou?

Quando dependemos e confiamos no *ḥesed* do Senhor, esse amor torna-se tudo de que precisamos. Quando Davi estava no deserto da Judeia, fugindo de seu filho Absalão, sem o poder, as riquezas e a honra de que desfrutava em Jerusalém, ele pode declarar a Deus: "O teu *amor* é melhor do que a vida! Por isso os meus lábios te exaltarão" (Salmos 63:3). Podemos não ter bem nenhum nesta vida, mas se temos o amor verdadeiro de Deus, temos tudo de que precisamos!

As turbulências da vida são uma experiência universal, planejada por Deus para a glória dele, embora provem a fé de cada cristão. Deus é glorificado em nossa vida principalmente quando encontramos toda a nossa satisfação no amor dele: "Satisfaze-nos pela manhã com o teu *amor leal*, e todos os nossos dias cantaremos felizes" (Salmos 90:14).

Depender do amor leal também implica apropriar-se do perdão dele. Quando Deus estava prestes a destruir toda a geração do deserto e recomeçar a história de Israel a partir de Moisés, o líder da nação suplicou ao Senhor: "Segundo a grandeza do teu *amor leal*, perdoa a transgressão deste povo, como a este povo tens perdoado desde que saíram do Egito até agora" (Números 14:19). O ḥeseḏ do Senhor era a base para o clamor por perdão. O "amor verdadeiro" que Deus tem pelo seu povo nos livra do peso da culpa e nos liberta para confessar nossos pecados com humildade e encontrar o perdão de que tanto precisamos.

Em Salmos 25:7, o fiel expressa sua confiança de que há perdão completo no "amor leal" de Deus: "Não te lembres dos pecados e transgressões da minha juventude; conforme o teu *amor leal*, lembra-te de mim, por causa da tua bondade, Senhor". O salmista, portanto, não esconde de si nem de Deus sua condição de pecador, cujos pecados pesados e inumeráveis só podem ser perdoados pelo ḥeseḏ divino (cf. Êxodo 34:7; Salmos 51:1[3]). É desse "amor verdadeiro" que o salmista pede para que Deus se "lembre", em contraposição aos seus pecados. Isso nos remete à declaração do profeta Miqueias: "Quem é comparável a ti, ó Deus, que *perdoas o pecado e esqueces a transgressão* do remanescente da sua herança? Tu que não permaneces irado para sempre, mas tens prazer em mostrar *amor* [ḥeseḏ]" (Miqueias 7:18).

Podemos descansar no perdão de Deus para os nossos pecados quando confiamos em seu "amor verdadeiro", um amor que não falha e cumpre o que promete. "Graças ao *grande amor* do Senhor é que não somos consumidos" (Lamentações 3:22). A cada dia esse amor se renova (3:23) e enche nosso coração da certeza de que podemos ter comunhão com o Deus que nos perdoa em Cristo Jesus (1João 1:9). Lembre-se de que não há abismo tão profundo que o "amor verdadeiro" de Deus não possa nos alcançar e de lá nos tirar.

CONCLUSÃO

Ao refletir sobre o amor verdadeiro de Deus que nos socorre em nossas adversidades, sou lembrado de uma história situada em uma pequena cidade da Romênia. Naquele local havia um homem que sempre dizia ao seu filho: "Haja o que houver, eu sempre estarei ao seu lado".

Certo dia, após um terremoto de intensidade muito grande quase acabar com a cidade, esse homem correu para a escola do filho e só encontrou um monte de ruínas. Imediatamente, ele e outros pais começaram a cavar. Depois vieram os bombeiros e mais pessoas para ajudar.

As horas passavam rapidamente e com elas, a esperança de encontrar alguém com vida.

Um a um, cansados e desesperados, os pais foram deixando o trabalho de buscas para os bombeiros, mas, esse homem, de forma obstinada, continuava. Pediram-lhe que descansasse um pouco, mas, ele não parava. A sua promessa ao seu filho lhe renovava as forças: "Haja o que houver, eu sempre estarei a seu lado".

Ao afastarem uma enorme pedra, com a ajuda de um guindaste, ele chamou mais uma vez pelo filho. E uma doce voz infantil lhe respondeu:

— Pai... estou aqui!

— Você está bem, meu amor?

— Sim, papai, mas, estamos com sede e fome.

— Tem mais alguém com você?

— Sim, todos os alunos da minha classe estão aqui.

Eles haviam ficado presos em um vão entre dois pilares de concreto e foram tirados dali vivos, com apenas algumas escoriações.

Quando uma equipe de televisão veio entrevistar o menino e perguntou se havia ficado com medo, ele emocionou a todos: "Não. Eu falei para os meus amigos: 'Não precisam ter medo, meu pai irá nos achar. Ele prometeu que sempre estará ao meu lado. E meu pai nunca quebra uma promessa'".

Nosso Pai celestial prometeu: "Nunca o deixarei, nunca o abandonarei" (Hebreus 13:5). Podemos confiar em sua promessa de que sempre estará ao nosso lado, porque o "amor verdadeiro" do Senhor não falha jamais.

לֵבָב/לֵב

CORAÇÃO

4

lēḇ/lēḇāḇ

O CORAÇÃO É UM ELEMENTO bastante presente na cultura brasileira. Ele aparece, por exemplo, no início e no fim da música *Carinhoso*, de Pixinguinha, com a letra de Braguinha,[1] um dos clássicos da Música Popular Brasileira e a canção mais regravada de todos os tempos em nosso país.[2]

> Meu coração, não sei por que,
> Bate feliz quando te vê
> E os meus olhos ficam sorrindo
> E pelas ruas vão te seguindo
> Mas mesmo assim foges de mim
>
> Ah, se tu soubesses
> Como sou tão carinhoso
> E muito, muito que te quero [...]

---

[1] "Carinhoso", disponível em: https://pixinguinha.com.br/discografia/carinhoso-2/, acesso em 24 de agosto de 2022.

[2] "'Carinhoso' é a música brasileira mais gravada no país, diz Ecad", disponível em https://www.poder360.com.br/midia/carinhoso-e-a-musica-brasileira-mais-gravada-no-pais-diz-ecad/, acesso em 24 de agosto de 2022.

Vem matar esta paixão
Que me devora o coração
E só assim então serei feliz
Bem feliz
Meu coração.

Um olhar atento para essa poesia revela o coração como o centro da paixão e da afeição de um indivíduo. O coração pulsante é retratado como feliz ao ver a pessoa amada e também devorado por uma paixão que só será satisfeita quando tiver o amor desejado ao seu lado. Essa nuance é muito comum no discurso e nas expressões populares. Namorados escrevem um ao outro bilhetes recheados de imagens de coração e com expressões de afeto. Casais em lua de mel desenham na areia da praia um grande coração acompanhado pelas iniciais do nome de cada cônjuge. E nossa tendência é ver o coração de modo figurado como a sede da paixão romântica. No entanto, quando lemos as Escrituras, descobrimos que um antigo israelita dificilmente usaria o coração com essa ideia bastante comum em nossa cultura. Então, o que o "coração" significava para os antigos hebreus? Qual é a importância dele para a reflexão sobre os seres humanos e o seu relacionamento com Deus?

DO CORAÇÃO DA NATUREZA
AO CORAÇÃO HUMANO

Quando a referência é o ser humano, as palavras mais importantes no hebraico são *lēḇ* e *lēḇāḇ* ("coração"). Elas têm a mesma raiz e, somadas, aparecem 858 vezes na

lēḇ/lēḇāḇ

Bíblia para descrever Deus, os elementos da natureza e as pessoas. Em mais de oitocentas ocorrências, o Antigo Testamento fala do "coração" dos seres humanos,[3] o que supera outros termos comuns para a humanidade, como "carne" (*bāśār*), "alma"/"fôlego" (*nepesh*) e "espírito" (*rûaḥ*). Pouco se fala do "coração" dos animais. Quando isso ocorre é para comparar uma pessoa com uma atitude típica de um animal específico. "Então até o homem valente, cujo *coração* é como o *coração* de leão, com certeza irá desanimar" (2Samuel 17:10, Nova Almeida Atualizada). Aqui, os homens valentes do exército de Absalão são tão corajosos quanto um leão.[4] No livro de Daniel, o Senhor humilha Nabucodonosor tornando o "coração" do rei como o "coração" dos animais. Consequentemente, o poderoso imperador de Babilônia passou a comer capim como o boi e a molhar-se com o orvalho do céu (Daniel 5:21).

O "coração" também pode indicar algo inacessível ou oculto, um lugar difícil de alcançar. Quando Jonas estava dentro do grande peixe, ele orou ao Senhor: "Jogaste-me nas profundezas, no *coração* dos mares" (Jonas 2:3). Aqui, o "coração dos mares" indica as "profundezas" do oceano, o alto-mar desconhecido, em contraste com as rotas de navegação costeira,[5] bem conhecidas não apenas dos marinheiros, mas daqueles que, por exemplo, usavam esse meio de

---

[3] Hans Walter Wolff, *Antropologia do Antigo Testamento* (São Paulo: Hagnos, 2008), p. 80.

[4] Andrew Bowling, "לֵבָב", in: R. Laird Harris; Gleason L. Archer Jr.; Bruce K. Waltke, *Theological Wordbook of the Old Testament* (Chicago: Moody, 1999), p. 467.

[5] Wolff, *Antropologia do Antigo Testamento*, p. 83.

transporte para realizar o seu comércio. Por isso, o sábio de Provérbios declara:

> Há três coisas misteriosas demais para mim,
> quatro que não consigo entender:
>   o caminho do abutre no céu,
>   o caminho da serpente sobre a rocha,
>   o caminho do navio *em alto*-mar,
>   e o caminho do homem com uma moça.
>
> Provérbios 30:18,19

A expressão "alto-mar" é literalmente "coração do mar" e aponta para a natureza incompreensível e inexplorada das partes distantes do oceano. Desse modo, o "coração do céu" pode indicar os altos céus de onde Deus falava com Moisés (Deuteronômio 4:11),[6] e o "coração" de um carvalho faz referência às partes mais internas da copa de uma árvore, onde o cabelo de Absalão havia ficado preso, deixando-o pendurado na árvore (2Samuel 18:14).[7]

Essa ideia aplicada à natureza remonta à visão que os antigos israelitas tinham do coração físico dos seres humanos como uma parte inacessível, protegida pelas costelas como se fossem um invólucro: "Como ursa, roubada de seus filhos, eu os atacarei e lhes romperei *a envoltura do coração*" (Oseias 13:8). A visão anatômica desse órgão levou à ideia figurada do coração como ser interior ou imaterial

---

[6] Hans Schwarz, *The Human Being: A Theological Anthropology* (Grand Rapids: Michigan, 2013), p. 11.
[7] Wolff, *Antropologia do Antigo Testamento*, p. 83-4.

lēḇ/lēḇāḇ

das pessoas, inacessível a outros seres humanos, que são capazes de ver somente a aparência externa e o comportamento. Ao observar as características físicas de Eliabe, o profeta Samuel pensou que ele seria o rei escolhido por Deus: "Com certeza é este que o Senhor quer ungir" (1Samuel 16:6). Contudo a resposta divina ressaltou a incapacidade humana de ver o que está no coração de seu próximo: "Não considere sua aparência nem sua altura, pois eu o rejeitei. O Senhor não vê como o homem: o homem vê a aparência, mas o Senhor vê o *coração*" (16:7).

Um filme que fez bastante sucesso no final da década de 1980 e começo dos anos 1990 chamava-se *Quem vê cara não vê coração*.[8] Ele conta a história do casal Bob e Cindy Russell e seus três filhos: Tia, de quinze anos, Miles, de oito, e Maizy, de seis.

Bob tem um irmão chamado Buck, que mora em um pequeno apartamento em Wrigleyville, ganha a vida apostando em corridas de cavalos e dirige um carro extremamente velho.

Devido a uma promoção no trabalho de Bob, a família Russel muda de cidade, mas tem de enfrentar um dilema familiar. O pai de Cindy teve um ataque cardíaco em Indianápolis. Diante disso, Bob e Cindy começam a planejar uma viagem urgente para estar ao lado dele. Depois de ouvir a notícia, Tia, a filha mais velha, amargurada por ter sido forçada a se mudar, acusa a mãe de abandonar o avô. Bob sugere pedir a Buck, seu irmão, para vir e cuidar das

---

[8] O título original do filme é *Uncle Buck*, dirigido por John Hughes e lançado pela Universal Studios em 1989.

crianças, ao que Cindy se opõe, pois considera Buck uma má influência e um fracasso. Cindy sugere pedir ajuda a seus vizinhos, mas Bob descobre que estão de férias na Flórida. Então, ele liga para seu irmão Buck, que aceita alegremente o trabalho de cuidar das crianças.

Ao chegar à casa de Bob, o tio lida com o comportamento frio da cunhada e vê uma foto de casamento de Bob e Cindy em que a imagem de Buck estava dobrada para escondê-lo. No entanto, ele rapidamente se torna amigo dos sobrinhos Miles e Maizy, ainda que Tia o trate com hostilidade. Quando o tio conhece o namorado arrogante de Tia, um jovem chamado Bug, ele a avisa que o rapaz quer se aproveitar dela e frustra repetidamente os planos da sobrinha de fugir para encontrar com o namorado.

Nos dias seguintes, o tio Buck lida com várias situações de maneira cômica, incluindo passeios, resolução de problemas cotidianos e inusitados.

Finalmente Tia consegue fugir com o namorado para uma festa. Buck decide procurá-la, em vez de participar de uma corrida de cavalos que lhe daria dinheiro suficiente para todo o ano seguinte. Ao encontrar o namorado dela, percebe que ele está com outra garota e, após muita procura, encontra a sobrinha vagando pelas ruas. Ela, então, se desculpa com lágrimas e reconhece que Buck estava certo sobre o namorado.

O pai de Cindy se recupera, e ela e Bob voltam para casa. Ao entrar na casa, Tia surpreende a mãe com um abraço carinhoso. No final, toda a família Russell se despede do tio, e a filha mais velha dá um adeus carinhoso ao querido tio Buck. O jeito desleixado e despreocupado do tio,

lēb/lēbāb

que gerava o desprezo de Cindy e de sua filha, na verdade ocultava um coração carinhoso, preocupado com a família e com o bem-estar de seus queridos sobrinhos. Quem vê cara não vê coração.

A Bíblia é muita clara em dizer que somente Deus é capaz de sondar e avaliar aquilo que, aos olhos humanos, é inacessível: "A Sepultura e a Destruição estão abertas diante do SENHOR; quanto mais *os corações* dos homens!" (Provérbios 15:11). O próprio homem é capaz de enganar a si mesmo quanto às intenções e desejos de seu coração: "O *coração* é mais enganoso que qualquer outra coisa e sua doença é incurável. Quem é capaz de compreendê-lo? Eu sou o SENHOR que sonda o coração e examina a mente [...]" (Jeremias 17:9,10). Por isso, o salmista clama a Deus que sonde o seu "coração", mostrando-lhe se há algo nele que ofende o Senhor e guiando-o pelo caminho eterno (Salmos 139:23,24).

Portanto, no Antigo Testamento, o coração é a "sede de todas as funções interiores" do ser humano, envolvendo tanto a capacidade de "perceber, raciocinar, pensar" quanto o sentimento, a vontade e o juízo de valor.[9] O coração é o "lugar em que o homem enfrenta a maior de todas as suas batalhas: a batalha com Deus".[10] Essa guerra "não é meramente racional, mas é central", ou seja, "uma luta pela centralidade não somente dos

---

[9] Ralph Smith, *Teologia do Antigo Testamento: história, método e mensagem* (São Paulo: Vida Nova, 2001), p. 259.
[10] Jonas Madureira, *Inteligência humilhada* (São Paulo: Vida Nova, 2017), p. 221.

nossos raciocínios, mas também das nossas vontades, emoções e decisões".[11]

O CORAÇÃO QUE SENTE E DESEJA

Todo o espectro da emoção é atribuído ao coração. Depois de observar seus inimigos e a violência com que o odiavam (Salmos 25:19), o salmista declara: *"as angústias do meu coração se multiplicaram"* (25:17). A angústia é sentida em seu coração. Por isso, ele roga ao Senhor: "Não deixes que eu seja humilhado, nem que os meus inimigos triunfem sobre mim!" (25:2).

Ana vivia em um contexto extremamente difícil. Era casada com um homem que tomara uma segunda esposa para gerar filhos (1Samuel 1:2),[12] pois Ana, sua primeira esposa, era estéril (1Samuel 1:3-6). Além dessa humilhação, ainda sofria a constante provocação de sua rival (1Samuel 1:6,7). O texto bíblico descreve Elcana, marido dela, preocupado com o estado de espírito de Ana: "Ana, por que choras? E por que não comes? E por que estás de *coração triste*?" (1Samuel 1:8). O coração é o centro originário das emoções dessa mulher, que, depois de derramar-se diante do Senhor e rogar pela bênção de um filho, recebe a dádiva tão esperada. Quando chega ao santuário de Siló para cumprir seu voto a Deus, descobrimos que o coração de Ana expressa um sentimento completamente

---

[11] Jonas Madureira, Inteligência humilhada, p. 221.
[12] Tiago Abdalla T. Neto, *A influência da perspectiva histórico-teológica deuteronômica em 1Samuel 1.1—2.10*, dissertação de mestrado (São Paulo: Seminário Servo de Cristo, 2010), p. 27.

lēḇ/lēḇāḇ

oposto àquele do início da história: "Meu *coração exulta* no Senhor!". O ser interior de Ana reflete o coração daqueles que buscam a Deus (1Crônicas 16:10).

Essa emoção positiva do coração pode ser experimentada não apenas no milagre de uma mulher estéril gerar uma criança, mas também por aqueles que desfrutam as dádivas ordinárias da vida, que também procedem do Criador: "É ele que faz crescer o pasto para o gado, e as plantas que o homem cultiva, para da terra tirar o alimento, o vinho, que *alegra o coração* do homem..." (Salmos 104:14,15). O dia do casamento para um noivo é certamente "o dia da alegria de seu coração" (Cantares 3:11). A notícia de que José estava vivo fez "o *coração* de Jacó quase" parar de tanta surpresa e alegria que aquela boa-nova lhe trouxe (Gênesis 45:26).

A disposição do coração afeta as diversas manifestações da vida, sejam físicas, sejam espirituais: "A *alegria do coração* transparece no rosto, mas o *coração angustiado* oprime o espírito" (Provérbios 15:13). O recebimento de conforto ocorre no coração, como na expressão idiomática do hebraico "falar ao coração" (Gênesis 34:3; Isaías 40:2). Absalão ganhou para si a lealdade de parte da nação israelita ao, literalmente, roubar "seus corações" (2Samuel 15:6).[13]

Além disso, o coração também é a sede dos desejos humanos. Quando o rei pede a Deus vitória e vida longa (Salmos 21:1,3,4), o salmista reconhece o favor do Senhor

---

[13] Andrew Bowling, "לֵבָב", p. 466-7.

sobre a vida de seu vice-regente: "Tu lhe concedeste o *desejo do seu coração* e não lhe rejeitaste o pedido dos seus lábios" (21:2).[14] A instrução dos pais é fundamental (Provérbios 6:21) para proteger o filho, a fim de que ele "não *cobice* em seu *coração*" a beleza da mulher adúltera (6:25). O homem íntegro é alguém que cuida de seu "coração" para que não seja "conduzido" por seus olhos, isto é, aquilo que cativa ou seduz sua vista (Jó 31:7).[15]

Essa primeira nuance nos leva a perguntar: O que tem cativado nosso coração? O que desejamos mais do que tudo nesta vida? Em Salmos 42:1-2, o fiel expressa seu profundo desejo por Deus: "Como a corça anseia por águas correntes, a minha alma anseia por ti, ó Deus. A minha alma tem sede de Deus, do Deus vivo. Quando poderei entrar para apresentar-me a Deus?". A imagem aqui remete à da corça sedenta por água depois fugir do caçador ou de um animal que tentou devorá-la. Ela anseia pelas águas correntes de um ribeiro onde possa matar sua sede. Esse é o único pensamento que lhe consome. Assim também são aqueles que amam o Senhor: o desejo por Deus os consome. Eles sentem falta da comunhão com o Criador e anseiam com todo o coração encontrá-lo na oração e nas Escrituras.

Em uma determinada época de minha infância, estava na moda a propaganda do canudo do Chaves. Era um canudo em forma de armação de óculos que quando o suco era aspirado, o líquido passava pela armação. Eu achava

---

[14] Schwarz, *The Human Neing: A Theological Anthropology*, p. 11.
[15] Wolff, *Antropologia do Antigo Testamento*, p. 88.

lēḇ/lēḇāḇ

aquilo o máximo! Pensava que aquele canudo resolveria os meus problemas quando minha mãe servisse uma comida da qual eu não gostasse, pois poderia usar o óculos para tomar o suco com a refeição. Lembro-me, também, de que meu pai demorava para comprar o objeto de minha felicidade e eu ficava decepcionado quando minha mãe servia uma refeição "difícil de engolir" (naquela época era macarrão ou beterraba) e eu tinha que comer aquilo sem o meu supercanudo. Eu fiz dele o objeto de minha felicidade. Era o que eu mais desejava, ansiava e esperava.

Hoje, o canudo não é o que eu mais desejo e espero, mas outras coisas lutam para controlar meu coração em lugar de Deus. Objetos, atividades, pessoas e circunstâncias, muitas vezes, ocupam o centro de nossa atenção, desejo e esperança. O que seu coração mais deseja? No que você põe a sua esperança? Em torno de que sol gira o planeta que é sua vida? O que lhe traz prazer?

Com que intensidade você anseia pela comunhão com o Senhor? Hoje, podemos desfrutar do relacionamento com Deus por meio de sua Palavra (ouvi-lo) e da oração (falar com Ele). Mas o entretenimento que as redes sociais, canais do YouTube, sites dos mais diversos podem nos proporcionar talvez enganem nosso coração com uma satisfação tão rasa, que trocamos a fartura do relacionamento com Deus pelas migalhas das notícias e do entretenimento das redes sociais. Como C. S. Lewis observou:

> Somos criaturas divididas, brincando com álcool, sexo e ambições quando a alegria infinita nos é oferecida; agimos como uma criança que prefere continuar fazendo seus bolinhos de

areia numa favela, porque não consegue imaginar o que significa um convite para passar as férias na praia.[16]

Não coloque seu prazer naquilo que é momentâneo ou no que se pode ver. Lembre-se de que Deus é o único capaz de satisfazer o coração humano de um modo que nenhuma criatura pode fazer.

> O orgulho imita a altura; mas só tu, Deus excelso, estás acima de todas as coisas. E a ambição, que busca, senão honras e glórias, quando tu és o único sobre todas as coisas a ser honrado e glorificado eternamente? [...] As carícias da volúpia buscam ser correspondidas; porém, não há nada mais carinhoso que tua caridade. [...] A indolência gosta do descanso; porém, que repouso seguro pode haver fora do Senhor? O luxo gosta de ser chamado de fartura; mas só tu és a plenitude e a abundância inesgotável de eterna suavidade. [...] Quem poderá separar de ti o que amas? E onde, senão em ti, se encontra inabalável segurança?[17]

O CORAÇÃO QUE PENSA E FAZ ESCOLHAS

O coração não é apenas o centro de nossos sentimentos e aspirações, mas também de nossos pensamentos e decisões. A grande maioria das ocorrências de *lēḇ* no Antigo

---

[16] C. S. Lewis, *The Weight of Glory*, sermão pregado em 8 de junho de 1942 na Church of St Mary the Virgin, disponível em https://www.wheelersburg.net/Downloads/Lewis%20Glory.pdf, acesso em 22/02/2022 [edição em português: *Peso de glória* (São Paulo: Vida, 2008), p. 30].

[17] Agostinho de Hipona, *Confissões*, II.13.

lēb/lēbāb

Testamento trata do "coração" como a sede de nosso intelecto ou razão: "*Saibam*, pois, em *seu coração* que, assim como um homem disciplina o seu filho, da mesma forma o Senhor, o seu Deus, os disciplina" (Deuteronômio 8:5). Depois de expressar quão breve é a vida humana, o salmista pede a Deus: "Ensina-nos a contar os nossos dias para que o *nosso coração* alcance *sabedoria*" (Salmos 90:12). Portanto, a sabedoria e o conhecimento eram vistos como originários do coração: "Assim como os olhos são destinados para ver e os ouvidos para ouvir, o coração foi feito para *entender*".[18]

Alguém que pensa e age com discernimento é uma pessoa "de coração", como indica uma expressão do discurso de Eliú:

> Por isso escutem-me,
> *vocês que têm conhecimento*.
> Longe de Deus esteja o fazer o mal,
> e do Todo-poderoso
> o praticar a iniquidade.

Aqueles que "têm conhecimento" são literalmente chamados "homens de coração". Por outro lado, o insensato é descrito como "sem coração". Geralmente quando falamos que uma pessoa é "sem coração" queremos indicar que ela é insensível ou indiferente às necessidades do próximo. Por exemplo: "Maria estava chorando, mas José nem se preocupou com ela. Como esse rapaz é sem coração!". Para os

---
[18] Wolff, *Antropologia do Antigo Testamento*, p. 89 (grifo do texto citado).

antigos israelitas, dizer que alguém era "sem coração" era o mesmo que dizer que era um "cabeça oca", um "tolo" ou uma pessoa que "não batia bem da cabeça". Oseias expõe a tolice de Israel com esta expressão: "Efraim é como uma pomba facilmente enganada e *sem entendimento* [lit.: "sem coração"]; uma hora apela para o Egito, outra hora se volta para a Assíria" (7:11). Mais adiante, o profeta se refere aos efeitos que o álcool causa na mente de uma pessoa, turvando sua capacidade de discernir e julgar, da seguinte forma: "o vinho envelhecido e o vinho novo tiram *o coração* do meu povo" (Oseias 4:11,12a).

Quando o foco é o conhecimento ou a razão, o coração está muitas vezes associado ao ouvir. Salomão pede ao Senhor: "Dá, pois, ao teu servo um *coração cheio de discernimento* para governar o teu povo e capaz de distinguir entre o bem e o mal" (1Reis 3:9). Um "coração cheio de discernimento" é literalmente: um "coração que ouve". No Antigo Testamento, "ouvir" e "obedecer" muitas vezes são traduções do verbo hebraico shāmaʿ. Essa é uma característica da língua que tem implicações práticas. Somente aqueles que dão ouvidos a Deus são capazes de obedecer a Ele. Salomão obedecerá ao Senhor guardando os mandamentos de Deus para que seu coração esteja preparado para liderar outros. Essa disposição de ouvir a Deus também o capacitará a escutar os outros.[19] Da mesma forma, Provérbios 18:15 declara: "O *coração* do que tem discernimento adquire conhecimento; *os ouvidos* dos sábios saem à

---

[19] Paul R. House, *1, 2 Kings*, The New American Commentary (Nashville: Broadman & Holman, 1995), p. 110.

sua procura". Os ouvidos aqui são a porta do coração, pois quando os ouvidos dos sábios absorvem o conhecimento, mais conhecimento o coração deles adquire. Um coração sábio aprendeu o princípio de Tiago 1:19: "Sejam todos prontos para ouvir, tardios para falar".

Por ser a origem dos pensamentos e planos, o coração pode ser puro (Salmos 24:4; 51:10) e íntegro (1Reis 8:61) ou mau (Isaías 32:6) e perverso (Salmos 101:4). As Escrituras são muito claras ao apresentar o coração humano como naturalmente mau: "O S<small>ENHOR</small> viu que a perversidade do homem tinha aumentado na terra e que toda a inclinação dos *pensamentos do seu coração era sempre e somente para o mal*" (Gênesis 6:5). Nosso "coração" é "inteiramente inclinado para o mal desde a infância" (Gênesis 8:21). Por isso, não há outra forma de cultivarmos um coração puro e íntegro senão por uma intervenção de Deus em nós: "*Cria* em mim um *coração puro, ó Deus*, e renova dentro de mim um espírito estável" (Salmos 51:10). Sabemos que alguém compreendeu o que significa o pecado (Salmos 51:5) quando há um clamor por um novo coração. A única solução para a doença infecciosa do pecado é um transplante divino.[20] Essa oração do salmista nos lembra de uma promessa de Deus a Israel:

> Darei a vocês um *coração novo* e porei um espírito novo em vocês; *tirarei de vocês o coração de pedra* e lhes *darei um coração de carne*. Porei o meu Espírito em vocês e os

---

[20] Paul Tripp, *Desafio aos pais* (São Paulo: Cultura Cristã, 2018), p. 140.

levarei a agirem segundo os meus decretos e a obedecerem fielmente às minhas leis.

Ezequiel 36:26,27

Deus prometeu regenerar as pessoas espiritualmente, dando-lhes um "coração novo" e um "espírito novo" (v. 26). Elas não mais seriam caracterizadas por pensamentos perversos e falta de resposta a Deus (Ezequiel 11:17-21). A mudança do coração de "pedra" para o de "carne" seria possível pela nova aliança (Jeremias 31:31-34). Essa nova aliança internalizada levaria o povo a se voltar para o novo pastor (Ezequiel 34), o Messias, e trocar a rebeldia por um novo coração, sensível à vontade de Deus. O poder capacitador para fazer isso seria fornecido por um "novo espírito" dentro deles. Deus chamou esse novo espírito de "meu Espírito" (v. 27; ver 11:19,20; 18:31; 37:14; 39:29; Joel 2:28,29), que os capacitaria a obedecer a Deus.[21] O coração de pedra é um coração morto (1Samuel 25:37) e insensível, que não ouve os mandamentos de Deus. O coração de carne, no entanto, é um coração vivo, sensível que se move em obediência na direção da vontade do Senhor.[22]

A passagem de Ezequiel nos mostra que o coração não é somente a sede do discernimento, mas também das atividades da vontade, escolhendo rebelar-se contra Deus (sua inclinação natural) ou obedecer-lhe (a inclinação do

---

[21] Lamar Eugene Cooper, *Ezekiel*, The New American Commentary (Nashville: Broadman & Holman, 1994), p. 316-317.

[22] Schwarz, *The Human Being: A Theological Anthropology*, p. 12-3; Wolff, *Antropologia do Antigo Testamento*, p. 101.

lēḇ/lēḇāḇ

novo coração). Por isso, o sábio apresenta uma advertência muito importante: "Sobre tudo o que se deve guardar, *guarda o coração*, porque dele procedem as fontes da vida" (Provérbios 4:23, Almeida Revista e Atualizada). O ensinamento transmitido aqui consiste em que o coração é a fonte das atividades do corpo (como em Provérbios 2:2) e das deliberações que uma pessoa toma. A condição do coração afeta as decisões que uma pessoa faz sobre o uso de seu corpo, como expressões faciais (15:13), a língua (12:23; 15:28) e os pés (6:18). O plural "fontes" refere-se às diversas escolhas da vida manifestadas nos diferentes membros do corpo. A metáfora implica não apenas que a vida tem suas fontes no coração, mas também que a direção que ela toma é determinada pelo coração.[23]

O conselho de Provérbios 4:23 é oposto à sabedoria de nossa época. Dizem-nos hoje que, se quisermos ser felizes, o que precisamos fazer é buscar nas coisas externas a nossa realização: a casa dos sonhos, o cônjuge maravilhoso, o emprego ideal (em que você trabalha pouco e ganha muito), a viagem para um local paradisíaco etc. Mas a vida não flui de fora para dentro; ela flui de dentro para fora. Precisamos de nosso coração continuamente preenchido com a verdade de Deus revelada no evangelho (Efésios 1:13) "para que a vida de Jesus também seja revelada em nosso corpo" (2Coríntios 4:10).[24]

---

[23] Bruce K. Waltke, *The Book of Proverbs: Chapters 1–15*, The New International Commentary on the Old Testament (Grand Rapids: Eerdmans, 2004), p. 298.

[24] Raymond C. Ortlund Jr., *Preaching the Word: Proverbs — Wisdom that Works* (Wheaton: Crossway, 2012), p. 86-7.

Se o "novo coração" era uma promessa aguardada no Antigo Testamento, ele se tornou uma realidade para aqueles que creem em Cristo Jesus e, assim, recebem o Espírito de Deus:

> Mas quando, da parte de Deus, nosso Salvador, se manifestaram a bondade e o amor pelos homens, não por causa de atos de justiça por nós praticados, mas devido à sua misericórdia, *ele nos salvou pelo lavar regenerador e renovador do Espírito Santo, que ele derramou sobre nós generosamente, por meio de Jesus Cristo, nosso Salvador* (Tito 3:4-6).

Quando estamos em Cristo, depositando toda a nossa confiança nele para a salvação, Deus inclina o nosso coração à obediência ao Criador dos céus e da terra. Jesus se dispôs a vir e sujeitar-se a este mundo caído, prontificando-se a suportar a crueldade da cruz e a deixar seu túmulo, a fim de que pudesse oferecer-nos a única coisa de que precisamos com urgência: um novo coração.[25] Deste modo, tornamo-nos "uma carta de Cristo [...] escrita não com tinta, mas com *o Espírito do Deus vivo*, não em tábuas de pedra, mas em *tábuas de corações humanos*" (2Coríntios 3:3).

João Calvino dizia que "o Espírito Santo é o elo pelo qual Cristo nos vincula efetivamente a si".[26] A transformação do coração só é possível pela ação do Espírito de Deus em nós, que aplica os benefícios da morte e ressurreição de Cristo.

---

[25] Paul Tripp, *Desafio aos pais*, p. 140.
[26] João Calvino, *As Institutas*, edição clássica (São Paulo: Cultura Cristã, 2006), III.i.2, vol. 3, p. 20.

lēb/lēbāb

Na verdade, sem a obra do Espírito, Calvino ousava dizer que a obra de Cristo seria inútil.[27] Efésios 1:3-14 liga as bênçãos que recebemos em Cristo ao selo do Espírito Santo em nossa conversão. 1Coríntios 6:11 também faz a ligação da justificação em Cristo com a ação purificadora e santificadora do Espírito: "Tais fostes alguns de vós; mas vós vos lavastes, mas *fostes santificados*, mas fostes *justificados em o nome do Senhor Jesus Cristo e no Espírito do nosso Deus*".

Quando pensamos, portanto, em desenvolver um coração devotado a Deus, devemos fazer isso em dependência do Espírito Santo. "Pois se vocês viverem de acordo com a carne, morrerão; mas, *se pelo Espírito fizerem morrer os atos do corpo, viverão*, porque todos os que são guiados pelo Espírito de Deus são filhos de Deus" (Romanos 8:13,14). O pastor batista John Sutcliff (1752-1814) comentou que as "influências" do Espírito Santo são "a alma, o poder estimulador de toda a religião. Se elas forem retidas, as ordenanças divinas são cisternas vazias, e as graças espirituais são flores murchas".[28]

Qual é o ponto de partida de seu relacionamento com Deus? Você busca a Deus com base em sua própria força ou esforços? Ou você entende, antes de tudo, que essa é uma capacidade doada apenas pelo Espírito Santo de Deus? Você ora em atitude de dependência pedindo ao Espírito Santo que o capacite a fazer a vontade de Deus (Ezequiel 25:26,27)?

---

[27] Ibidem.
[28] Citado em Joel R. Beeke, *Vivendo para a glória de Deus*: uma introdução à fé reformada (São José dos Campos: Fiel, 2010), p. 182.

Se você deseja amar a Deus "de todo o seu coração" (Deuteronômio 6:5), comece rogando a Deus para criar "um coração puro" em você (Salmos 51:10). Depois, incline o seu "coração para o discernimento" (Provérbios 2:2), dedique-o à disciplina ou ao treinamento da sabedoria de Deus (Provérbios 23:12) e tema a Deus, servindo-o com um coração inteiramente dedicado a Ele (1Samuel 12:24).

עבד

ADORAR

SERVIR

TRABALHAR

5

'ābad

QUAIS IMAGENS VÊM à sua mente ao ouvir a palavra "adoração"? Talvez você pense em pessoas com as mãos levantadas para o alto, olhos fechados e lábios abertos entoando uma canção. Há quem pense em "adoração" como algo associado a um ritual realizado num determinado local, como acontecia com os sacrifícios oferecidos pelos antigos hebreus no tabernáculo ou no templo em Jerusalém. Em geral, pensamos em "adoração" ou "culto" como um ato litúrgico em comunidade. Certamente "adoração" envolve essa reunião comunitária de pessoas expressando uma fé comum. Mas você já parou para refletir sobre as implicações abrangentes do ato de "adorar" em nossa vida?

A palavra hebraica *'ābad* ("adorar"; "servir"), usada, por exemplo, na declaração "*Prestem culto* ao SENHOR, o Deus de vocês, e ele os abençoará..." (Êxodo 23:25, ocorre pela primeira vez no Antigo Testamento em um contexto de cultivo de um jardim. Gênesis 2:5 faz a seguinte constatação: "o SENHOR Deus ainda não tinha feito chover sobre a terra, e também não havia homem para *cultivar* ['*ābaḏ*] o solo". Deus então criou o ser humano para cultivar e proteger o jardim no qual foi colocado. A palavra *'ābaḏ* ("adorar"; "servir") também é usada para indicar esse objetivo divino: "O Senhor Deus tomou o homem e o colocou no jardim do Éden para o *cultivar* e o guardar" (Gênesis 2:15; Nova Almeida Atualizada).

Ao "cultivar" (*'ābaḏ*) o jardim como ser humano criado à imagem de Deus, Adão estaria refletindo o mesmo cuidado que Deus tinha para com a sua criação. Afinal de contas, ser "imagem" e "semelhança" de Deus envolvia "dominar" a criação (Gênesis 1:26-28), não de uma forma tirânica, mas refletindo o mesmo domínio cuidadoso e criativo do Criador. Por isso, o ato de cultivar o jardim era uma expressão da adoração dos seres humanos àquele que os fez. Como observou Grant Osborne:

> Adão e Eva foram colocados no jardim não somente para desfrutar, mas também para cuidar dele como um serviço prestado a Deus (Gênesis 2:15). Em certo sentido, cultivar o jardim era um ato de adoração. Ao mesmo tempo, toda a existência deles estava voltada para Deus.[1]

Quando o primeiro casal escolheu dar ouvidos à voz da serpente, em vez de seguir no caminho da adoração obediente, "*cultivar* o solo" como um ato de exaltação do Criador já não seria algo tão simples e natural, "espinhos e ervas daninhas" fariam o homem suar "o rosto" até

---

[1] Grant Osborne, *Apocalipse* (São Paulo: Vida Nova, 2014), p. 859.

'ābad

retornar "à terra", de onde "foi tirado" (Gênesis 3:18,19). Contudo um facho de esperança resplandece ao final do capítulo 3: "Por isso o Senhor Deus o mandou embora do jardim do Éden *para cultivar* [*'ābad*] o solo do qual fora tirado" (v. 23). Mesmo fora do jardim e não mais desfrutando de comunhão plena e ininterrupta com o Senhor, Adão poderia continuar *cultivando* o solo como adorador do Criador de céus e terra.

Essa relação entre "adorar" e "cultivar" enfatiza a responsabilidade do adorador de cumprir a vontade de seu Senhor. "O vassalo habita a casa ou o reino do senhor. No contexto de adoração, a palavra se refere à condição humilde e ao desempenho fiel do trabalho dado ao adorador."[2]

Como súditos do Rei de céus e terra, recebemos a convocação: "*Adorem* [*'ābad*] o Senhor com alegria; entrem na sua presença com júbilo!" (Salmos 100:2). Como responderemos a esse chamado?

A QUEM VAMOS SERVIR?

No Pentateuco, o verbo *'ābad* e as palavras relacionadas a ele apresentam a escolha que o povo de Deus precisa fazer entre adorar Javé, o Senhor fiel e compassivo, e entregar-se a outros senhores, como o faraó do Egito ou os deuses de Canaã. O livro de Êxodo introduz Israel em uma condição de servidão deplorável e violenta sob o jugo de faraó,

---

[2] Ralph Smith, *Teologia do Antigo Testamento* (São Paulo: Vida Nova, 2001), p. 302.

um senhor cruel: "Por isso os egípcios passaram a temer os israelitas, e os *sujeitaram* [*'āḇaḏ*] a cruel escravidão" (Êxodo 1:12,13). Os egípcios haviam tornado a vida de Israel "amarga" em seu *serviço* a faraó (1:14). Não havia liberdade para o povo escolhido, apenas "trabalhos forçados" com o propósito de edificar as suntuosas construções do rei egípcio (1:11) ou realizar tarefas agrícolas (1:14).

A escravidão marcou a nação de Israel de tal forma que modelou a visão que tinham de sua identidade: "Por que tratas *os teus servos* dessa maneira? Não se fornece a nós, *teus servos*, a palha, e, contudo, nos dizem: 'Façam tijolos!' Os *teus servos* têm sido espancados..." (Êxodo 5:15,16). Eles eram meros "servos" ou "escravos"[3] do rei egípcio, sujeitos aos caprichos de um tirano, ainda resistentes à libertação proclamada por Moisés e Arão (Êxodo 5:20,21; 6:9).

Duelo de senhores

Diante desse cenário sombrio, um novo Senhor aparece no horizonte. Não um tirano cruel, mas um Deus compassivo e fiel, que se manifesta a Moisés para trazer verdadeira liberdade a Israel. Assim, o verbo *'āḇaḏ* ("adorar"; "servir") ganha uma dimensão religiosa. Não se trata apenas de realizar algumas tarefas agrícolas ou trabalhar em uma edificação, mas, sim, de quem será o senhor a quem Israel se entregará e dedicará sua lealdade. Em seu chamado inicial, Javé deixa claro a Moisés que libertaria Israel do Egito para

---

[3] O substantivo hebraico *'eḇeḏ* ("servo") é da mesma raiz que o verbo *'āḇaḏ* ("servir", "adorar").

'ābaḏ

que a nação o servisse como seu novo Senhor: "Eu estarei com você. Esta é a prova de que sou eu quem o envia: quando você tirar o povo do Egito, vocês *prestarão culto* ['*ābaḏ*] a Deus neste monte" (Êxodo 3:12).

Apesar das ordens do faraó para que Israel continuasse a servi-lo ("Agora, vão e *realizem seu trabalho de escravos* ['*ābaḏ*]!", Êxodo 5:18)[4] e de sua tentativa frustrada de recuperar sua mão de obra gratuita (Êxodo 14:5ss.), o Deus dos patriarcas repete a mesma reivindicação em diversas ocasiões: "Deixe ir o meu povo, para *prestar-me culto* ['*ābaḏ*] no deserto" (Êxodo 7:16; cf. 7:26; 8:16; 9:1,13; 10:3,7). A libertação de Israel não implicava ausência de senhor, mas viver de forma plena servindo o único Senhor digno de autoridade absoluta sobre o povo escolhido.

> A questão jamais é se uma pessoa (ou um grupo) serve a um deus; a única questão é a qual deus essa pessoa serve. Uma vez que "servir a Deus" indica o relacionamento de um indivíduo com Deus de forma integral, não pode significar "prestar um serviço a Deus". Ao contrário, significa o reconhecimento de Deus como Senhor, um reconhecimento que requer a existência inteira de uma pessoa.[5]

Javé era o único digno de reivindicar o senhorio absoluto sobre Israel, de tal modo que a servidão ao faraó e

---

[4] Tradução do autor.
[5] Claus Westermann, עָבַד, in: E. Jenni; Claus Westermann, *Theological Lexicon of the Old Testament* (Peabody: Hendrickson Publishers, 1997), p. 829.

a servidão ao Deus dos patriarcas tornaram-se incompatíveis e insustentáveis. É nesse momento que o Senhor age em favor de seu povo para libertá-lo daquela opressão (Êxodo 3:7,8).

A adoração, ou serviço, (ideia básica do verbo *ābad*) de Israel a Deus não resulta de uma coerção externa, mas é fruto de uma resposta de gratidão dos servos a seu Soberano. Ao estabelecer nos Dez Mandamentos as condições para que Israel desfrutasse de vida plena na terra prometida, Deus começa lembrando a nação de sua graça redentora, que é a motivação básica para que Israel o adore como único Deus e lhe obedeça integralmente como seu Senhor: "Eu sou o Senhor, o teu Deus, que te tirou do Egito, da terra da escravidão. Não terás outros deuses além de mim" (Êxodo 20:2,3). O Senhor libertou a nação do Egito, portanto, requer exclusividade da adoração em resposta à sua graça fiel.

Servir com medo ou servir com alegria?

Portanto, "servir" ou "adorar" a Deus era totalmente distinto de "servir" a poderes estrangeiros. A servidão a outros povos é, normalmente, retratada de uma perspectiva negativa no Antigo Testamento e sintetizada em cativeiro e trabalho forçado:

> Por causa dos nossos pecados, nós, os nossos reis e os nossos sacerdotes temos *sido entregues à espada e ao cativeiro*, ao *despojo e à humilhação* nas mãos de reis estrangeiros. [...] Mas agora, por um breve momento, o Senhor nosso

'āḇaḏ

Deus foi misericordioso, deixando-nos um remanescente e dando-nos um lugar seguro em seu santuário, e dessa maneira o nosso Deus ilumina os nossos olhos e nos dá um pequeno alívio em nossa *escravidão* [*'aḇḏuṯ*]. Somos *escravos* [*'eḇeḏ*], mas o nosso Deus não nos abandonou na *escravidão* [*'aḇḏuṯ*].

Esdras 9:7-9

Observe como as palavras "escravidão" e "escravos", cujos termos hebraicos são da mesma raiz que *'āḇaḏ* ("servir", "adorar"), retratam uma condição de humilhação, cativeiro e quase morte,[6] em que Israel geme debaixo de um poder estrangeiro.[7] Ser liberto dessa condição é experimentar a "misericórdia" ou "compaixão" de Deus (Esdras 9:8).

Em contraste com o "servir" aos poderes deste mundo, "adorar" ou "servir" a Deus é uma "experiência feliz e libertadora".[8] Por isso, o salmista nos chama a uma adoração

---

[6] Ao falar que Deus "ilumina os olhos" da nação depois de um período de cativeiro (Esdras 9:8), Esdras usa uma imagem comum no Antigo Testamento para se referir à vida que recebe a luz do sol, distinta da sepultura fechada, onde essa luz não penetra. A ausência de luz implica morte. "Ver a luz" é sinônimo de *vida e vigor*, frutos da benevolência de Deus (Salmos 36:7-9). Crianças que nunca "viram a luz" são *natimortos*, que nascem sem vida (Jó 3:16). "Ver a luz" é ter a *vida salva da morte prematura* (Jó 33:28). Portanto "não ver a luz" é uma referência à ausência da plenitude de vida neste mundo (Salmos 49:19).

[7] "A imagem típica da servidão política é o jugo [...] 'Serviço' no sentido de servidão política [...] significa uma existência desumana, restrita e limitada" (Claus Westermann, עֶבֶד, in: E. Jenni; Claus Westermann [orgs.], *Theological Lexicon of the Old Testament* [Peabody: Hendrickson Publishers, 1997], p. 825).

[8] W. C. Kaiser, "עָבַד", in: R. L. Harris; G. L. Archer Jr.; B. K. Waltke (orgs.), *Theological Wordbook of the Old Testament* (Chicago: Moody Press, 1999), p. 639 (edição eletrônica).

alegre na presença de nosso redentor: *"Prestem culto* [*'āḇaḏ*] *ao* Senhor *com alegria; entrem na sua presença com cânticos alegres. Reconheçam que ele é o nosso Deus"* (Salmos 100:2,3a).

Em vez de colocar nossa confiança em poderes humanos, somos chamados a nos refugiar no Senhor, o nosso ajudador (Salmos 118:7-9). Os "príncipes" são "meros mortais, incapazes de salvar" (Salmos 146:3), mas o "Deus de Jacó [...] fez os céus e a terra, o mar e tudo o que neles há, e [...] mantém a sua fidelidade para sempre!" (Salmos 146:5,6). Assim, o indivíduo "feliz" é aquele "cuja esperança está no Senhor" (146:5).

Deus quer ser o Senhor supremo daqueles que experimentam sua libertação. A lealdade máxima de seus servos deve ser consagrada a Ele, com um coração totalmente devotado: "...amem o Senhor, o seu Deus, andem em todos os seus caminhos, obedeçam aos seus mandamentos, apeguem-se a ele e o *sirvam* [*'āḇaḏ*] de todo o coração e de toda a alma" (Josué 22:5).

Conexões com o Novo Testamento

Talvez você e eu não tenhamos um faraó com que nos preocupar. Não vivemos no exílio, mas em nosso país. Ainda assim, podemos nos colocar sob o jugo de poderes humanos ou de objetos, em vez de nos submetermos ao jugo de Cristo, que é manso e humilde de coração (Mateus 11:28-30). Quando Jesus faz o apelo para tomarmos o jugo dele, certamente essa era uma imagem que simbolizava a nossa submissão à autoridade de Cristo como Senhor de nossa vida.

ābad

O "jugo suave" e o "fardo leve" não indicavam que estaríamos livres para viver do jeito que bem entendêssemos, mas sim, que Deus nos capacitaria, por meio de seu Espírito, a seguirmos o ensino revelado de Jesus e a fazer a vontade de nosso Senhor.[9]

Em contraste com o "fardo leve" de Jesus, há uma crítica aos fariseus e escribas também no evangelho de Mateus: "Eles atam fardos pesados e os colocam sobre os ombros dos homens, mas eles mesmos não estão dispostos a levantar um só dedo para os mover" (Mateus 23:4).[10] A religiosidade externa e sem vida deles era um fardo pesado que aqueles que os seguiam precisavam levar (e não tinham ajuda para isso!). Será que você não está carregando esse mesmo fardo, colocando-se numa condição em que sua religiosidade é aquilo que os outros aprovam, e não aquilo que agrada a Deus?

Quando nossa vida religiosa é movida por aquilo que os outros pensam sobre nós, e não pelo que Deus diz a nosso repeito nem pelas boas novas que Ele nos apresenta, corremos o risco de rejeitarmos Jesus, ainda que façamos parte de uma comunidade que confessa seu nome: "Eu vim em nome de meu Pai, *e vocês não me aceitaram*; mas, se outro vier em seu próprio nome, vocês o aceitarão. Como vocês podem crer, *se aceitam glória uns dos outros, mas não procuram a glória que vem do Deus*

---

[9] Craig L. Blomberg, *Matthew* (Nashville: Broadman & Holman, 1992), vol. 22, p. 194.
[10] R. T. France, *The Gospel of Matthew* (Grand Rapids: Eerdmans, 2007), p. 448.

único?" (João 12:43,44). Se estamos mais preocupados em nos parecermos justos para receber a glória dos outros, em vez de nos tornarmos justos pelos méritos de Jesus, jamais aceitaremos a mensagem do evangelho que escancara nosso pecado e, ao mesmo tempo, oferece a salvação de que precisamos.

Que senhores competem com Deus para assumir o controle de sua vida? Quais pessoas exercem poder e influência sobre sua vida tanto quanto Deus? A "alter-referência é o ato de tomar o outro como referência para o autoconhecimento. Na dinâmica da alter-referência, o indivíduo dedica toda a sua vida — em alguns casos, desde a infância — a atender às expectativas dos outros: cônjuge, pai, mãe, irmão avós, chefes, professores, pastores etc. Nesse sentido, o que dá significado à vida é tornar-se o que os outros querem que sejamos".[11]

Em Gálatas 1:10, o apóstolo Paulo diz: "Acaso busco eu agora a aprovação dos homens ou a de Deus? Ou estou tentando agradar a homens? *Se eu ainda estivesse procurando agradar a homens, não seria servo de Cristo.*" Que Senhor vencerá o duelo para tomar conta de seu coração? Cristo ou os homens? Não existe meio-termo. Cristo não quer parte de sua vida entregue a Ele. Ele demanda toda a sua existência, forças, desejos e pensamentos. Aceite o jugo dele. Pare de assumir fardos que só o levam para longe do único Senhor que é digno de sua devoção e compromisso: Cristo Jesus, o Senhor.

---

[11] Jonas Madureira, *Inteligência humilhada* (São Paulo: Vida Nova, 2017) p. 192-3.

ʿāḇaḏ

SERVIR COMO ESCOLHA DE AMOR

O profeta Jeremias apresenta de forma poética a libertação de Israel e sua tola resposta ao chamado para servir a Javé:

> Há muito tempo, eu quebrei o seu jugo
> e despedacei as correias que a prendiam.
> Mas você disse: "Eu não *servirei* [*ʿāḇaḏ*]".
>
> Jeremias 2:20

Depois da demonstração poderosa do amor de Deus por Israel em sua miserável escravidão e de sua aliança com a nação como seu exclusivo Senhor (cf. Êxodo 24:1-8),[12] qual é a resposta dos israelitas a Javé? "Eu não *servirei*". Você consegue perceber quão escandalosa é essa declaração? O profeta Jeremias não apenas ressalta a rebelião de Israel contra o Senhor, mas também sua profunda ingratidão depois de tudo o que Ele havia feito pela nação.

A atitude de Israel pode ser ilustrada pela reação de um filho que, depois de ser cuidado, nutrido, educado e amado por seus pais, decide sair de casa em rebeldia para nunca mais voltar. Em seu livro *Um presente maravilhoso*,[13] Max Lucado conta uma história comovente que serve de ilustração do tipo de resposta inesperada oferecida por Israel ao Senhor:

---

[12] Para apoio a essa tradução e interpretação do texto e uma explicação mais detalhada da passagem, veja P. C. Craigie, *Jeremiah 1—25* (Dallas: Word, 1991), p. 36-7.
[13] Max Lucado (Rio de Janeiro: Thomas Nelson Brasil, 2012) [edição kindle].

A pequenina Madeline, de apenas cinco anos, subiu no colo do pai.

— Você comeu tudo? — o pai perguntou.

Ela sorriu e deu um tapinha na barriga.

— Não consigo comer mais nada.

— Você comeu a torta da vovó?

— Um pedação!

Joe olhou para a mãe, do outro lado da mesa.

— Parece que você deixou todo mundo satisfeito. Acho que não vamos fazer outra coisa hoje à noite senão ir para a cama.

Madeline colocou as minúsculas mãos nas bochechas enormes do rosto do pai.

— Mas, papai, é véspera de Natal. Você disse que a gente podia dançar.

Joe fingiu consultar a memória.

— Eu disse? Ora, eu não me lembro de dizer nada sobre dançar.

A avó sorriu e balançou a cabeça, enquanto limpava a mesa.

— Mas, papai — Madeline suplicou. — A gente sempre dança na véspera de Natal. Só eu e você, lembra?

Um sorriso surgiu por trás do farto bigode.

— Claro que lembro, querida. Como poderia esquecer?

O pai se levantou e ofereceu a mão à filha e, por um momento — só um instante — sua esposa estava viva mais uma vez. E os dois foram para a sala passar mais uma noite antes do Natal como já haviam passado muitas outras. Dançando até a noite acabar.

Joe e a esposa poderiam ter dançado juntos até a velhice, mas, de repente, veio a gravidez inesperada e as terríveis complicações. Madeline sobreviveu. Mas sua mãe não conseguiu. E Joe, o açougueiro das mãos grossas de Minnesota, ficou sozinho para criar sua filha Madeline.

— Vamos, papai! — Ela puxou a mão dele. — Vamos dançar antes de todo mundo chegar. — Ela estava certa. Logo a campainha soaria e parentes encheriam a casa, e a noite passaria rápido.

Mas, por enquanto, eram só o papai e a Madeline.

A rebeldia tomou conta do mundo de Joe como uma nevasca em Minnesota. Quando estava prestes a atingir a idade mínima para dirigir, Madeline resolveu que já estava madura o suficiente para conduzir sua própria vida. E aquela vida não incluía seu pai.

— Eu devia ter percebido antes — diria Joe, mais tarde. — Mas, Deus do céu, eu não percebi. Ele não sabia o que fazer. Ele não sabia como lidar com o piercing no nariz e com as camisetas apertadas demais. Ele não entendia as noitadas e as notas ruins. Para piorar tudo, ele não sabia quando falar e quando ficar quieto.

Madeline, por outro lado, sempre sabia de tudo. Ela sabia quando falar com o pai — nunca. Ela sabia quando ficar quieta — sempre. Mas essa lógica se invertia quando se tratava do garoto esquelético e tatuado que vivia no fim da rua — que não prestava, e Joe sabia disso.

E de jeito algum ele iria permitir que sua filha passasse a véspera de Natal com aquele moleque.

— Você vai ficar conosco hoje, mocinha. Você vai estar na casa da sua avó, e vai comer a torta da sua avó. Você passará a véspera de Natal conosco.

Apesar de estarem na mesma mesa, era como se estivessem em lugares opostos da cidade. Madeline só brincava com a comida, sem dizer nada [...].

Logo os parentes chegaram, trazendo com eles um fim muito bem-vindo para todo aquele silêncio constrangedor. A casa se enchia de som e de pessoas, mas Joe permanecia de um lado enquanto Madeline se escondia emburrada de outro.

— Aumente a música, Joe — pediu um dos irmãos. E ele aumentou. Pensando que a deixaria orgulhosa, ele se virou e foi em direção à filha.

— Você poderia dançar com seu papai hoje?

[...] Na frente de toda a família, ela saiu pela porta da frente e seguiu rua abaixo. Deixando o seu pai sozinho. Muito sozinho.

Madeline voltou naquela mesma noite, mas não por muito tempo. Joe não culpava a garota por ter saído. Afinal, como seria a vida da filha de um açougueiro? Nos últimos dias em que estiveram juntos, ele tentou fazer o melhor que podia. Fez o prato preferido dela no jantar — ela não quis comer. Ele a convidou para ver um filme — ela ficou no quarto. Ele comprou um vestido novo — ela nem sequer agradeceu. E então veio aquele dia de primavera em que ele saiu mais cedo do trabalho para estar em casa quando a filha chegasse da escola.

Quem iria imaginar que aquele era o dia em que ela jamais voltaria para casa?

Um amigo disse que viu Madeline e o namorado nas proximidades da rodoviária. As autoridades confirmaram a compra de uma passagem para Chicago; para onde ela iria quando chegasse lá ninguém sabia.

'ābaḏ

O garoto magrelo e tatuado tinha um primo. O primo trabalhava no turno da noite em uma loja de conveniência na parte sul de Houston. Por alguns dólares por mês, ele deixava os dois fugitivos ficarem no seu apartamento durante a noite. Mas eles tinham de sair durante o dia.

[...] Depois de algumas semanas, o primo tinha mudado de ideia. No dia em que anunciou a decisão, o namorado achou por bem imitar o parente. Madeline de repente se viu com uma noite toda pela frente, sem ter um lugar para dormir nem uma mão para segurar.

Foi a primeira de muitas noites como aquela.

Uma mulher em um parque contou sobre um abrigo perto da ponte. Por alguns trocados ela conseguiria uma tigela de sopa e uma cama. Alguns trocados era tudo que ela possuía. Dormiu usando a mochila como travesseiro e o casaco como cobertor. O quarto estava tão barulhento que foi difícil dormir. Madeline virou o rosto para a parede e, pela primeira vez em muitos dias, pensou no rosto com bigode do pai quando ele costumava dar-lhe um beijo de boa noite. Quando as lágrimas começaram a brotar, ela se recusou a chorar. Empurrou as memórias em seu interior e prometeu para si mesma não pensar mais na antiga casa.

Ela tinha ido longe demais para voltar.

A história de Joe e Madeline nos comove porque ela retrata uma resposta inesperada e triste de Madeline ao amor do pai, bem como a escolha tola da filha ao seguir alguém que jamais a amaria da mesma forma incondicional e sacrificial de seu pai. Enquanto Jeremias apresenta a imagem do jugo e das correntes quebrados por Deus e a reação de Israel a esse ato de libertação, Ezequiel 16 usa a metáfora da órfã rebelde que dá as costas para aquele que a amou, tirou-a de uma condição de abandono e humilhação e tornou-se seu marido:

> Assim diz o Soberano Senhor a Jerusalém: Sua origem e seu nascimento foram na terra dos cananeus; seu pai era um amorreu e sua mãe uma hitita. Seu nascimento foi assim: no dia em que você nasceu, o seu cordão umbilical não foi cortado, você não foi lavada com água para que ficasse limpa, não foi esfregada com sal nem enrolada em panos. Ninguém olhou para você com piedade nem teve suficiente compaixão para fazer nenhuma dessas coisas por você. Ao contrário, você foi jogada fora, em campo aberto, pois, no dia em que nasceu, foi desprezada.
> Então, passando por perto, vi você se esperneando em seu sangue, e, enquanto você jazia ali em seu sangue, eu lhe disse: "Viva!". E eu a fiz crescer como uma planta no campo. Você cresceu e se desenvolveu e se tornou a mais linda das joias. Seus seios se formaram e seu cabelo cresceu, mas você ainda estava totalmente nua.
> Mais tarde, quando passei de novo por perto, olhei para você e vi que já tinha idade suficiente para amar; então estendi a minha capa sobre você e cobri a sua nudez. Fiz um juramento e estabeleci uma aliança com você, palavra do Soberano Senhor, e você se tornou minha. Eu lhe dei banho com água e, ao lavá-la, limpei o seu sangue e a perfumei. Pus-lhe um vestido bordado e sandálias de couro. Eu a vesti de linho fino e a cobri com roupas caras. Adornei-a com joias; pus braceletes em seus braços e uma gargantilha

ʿāḇaḏ

em torno de seu pescoço; dei-lhe um pendente, pus brincos em suas orelhas e uma linda coroa em sua cabeça.

[...] Você se tornou muito linda e uma rainha. Sua fama espalhou-se entre as nações por sua beleza, porque o esplendor que eu lhe dera tornou perfeita a sua beleza, palavra do Soberano Senhor. Mas você confiou em sua beleza e usou sua fama para se tornar uma prostituta. Você concedeu os seus favores a todos os que passaram por perto, e a sua beleza se tornou deles.

Em todas as suas práticas detestáveis, como em sua prostituição, você não se lembrou dos dias de sua infância, quando estava totalmente nua, esperneando em seu sangue [...] Você, mulher adúltera! Você prefere estranhos ao seu próprio marido!

Ezequiel 16:3-15,22,32

Israel deu as costas para Deus, aquele que a encontrou numa condição de abandono e humilhação e cuidou dela. A nação infiel decidiu amar outros senhores e entregar-se a eles, em vez de devotar-se a Javé, o Senhor amoroso e fiel. As passagens de Jeremias e Ezequiel nos ensinam que nosso senhor é aquele a quem dedicamos amor supremo e a quem servirmos com todas as nossas forças. O chamado a "adorar" ou "servir" é um convite a escolher quem será nosso amor maior.

O Senhor, o seu Deus, está pondo vocês à prova para *ver se o amam de todo o coração e de toda a alma*. Sigam somente o Senhor, o seu Deus, e temam a ele somente. Cumpram os seus mandamentos e obedeçam-lhe; *sirvam-no* [*ʿāḇaḏ*] e apeguem-se a ele.

Deuteronômio 13:3,4

"SENHOR MEU E DEUS MEU!"

Após ser liberta do Egito e dizer "não" ao senhorio de Javé (Jeremias 2:20), será que a nação de Israel seria verdadeiramente livre? Aqui somos lembrados da observação de Claus Westermann: "A questão jamais é se uma pessoa (ou um grupo) serve a um deus; a única questão é a qual deus essa pessoa serve".[14] O profeta Jeremias nos mostra o que ocorreu depois de Israel dizer: "Eu não *servirei* [*'āḇaḏ*]".

> ... em todo monte elevado e debaixo de toda árvore
> verdejante,
> você se deitava como uma prostituta.
> Como você pode dizer que não está contaminada
> e que não correu atrás dos baalins?
> [...] a comunidade de Israel ficará envergonhada:
> seus reis e oficiais, seus sacerdotes e profetas.
> Pois dizem à madeira: 'Você é meu pai'
> e à pedra: 'Você me deu à luz'.
> Voltaram para mim as costas e não o rosto [...].
> E onde estão os deuses que você fabricou para si?
> Que eles venham, se puderem salvá-la na hora da
> adversidade!
> Porque os seus deuses são tão numerosos como as suas
> cidades, ó Judá!
>
> Jeremias 2:20,23,26-28

---

[14] Claus Westermann, עָבַד, in: E. Jenni; Claus Westermann, *Theological Lexicon of the Old Testament* (Peabody: Hendrickson Publishers, 1997), p. 829.

'āḇaḏ

Ao recusar-se a adorar o Deus que "fez os céus e a terra, o mar e tudo o que neles há" (Salmos 146:6), Israel voltou-se naturalmente para outros deuses e a eles serviu. Não há meio-termo: ou uma pessoa adora o Deus verdadeiro ou, naturalmente, adorará deuses falsos.

O contraste já não é mais entre Javé e faraó (como ocorre de forma dominante no livro de Êxodo), mas entre Javé, o Deus verdadeiro, e as divindades falsas de Canaã. É neste ponto que as duas ideias principais do verbo *'āḇaḏ*, "servir" e "adorar", encontram-se de maneira clara. Aquele a quem desejo servir com todo meu coração é também o deus a quem adoro. Os conceitos "senhor" e "deus" estão tão intrinsecamente associados quanto na declaração de Tomé a Jesus: "Senhor meu e Deus meu!" (João 20:28).

Diversos textos apresentam o chamado a uma adoração exclusiva a Deus e à rejeição de todos os outros deuses. O verbo *'āḇaḏ* aparece no segundo dos Dez Mandamentos: "Não te prostrarás diante deles nem lhes *prestarás culto*, porque eu, o Senhor, teu Deus, sou Deus zeloso" (Êxodo 20:5). Aqui, "prestar culto" (*'āḇaḏ*) a outros deuses envolve "prostrar-se" (*ḥwh*) diante deles, "uma ação/atitude direcionada a uma figura humana ou divina, que é reconhecida [...] como ocupante de uma posição de honra ou de autoridade".[15] A devoção a falsos deuses implicava trair o Deus zeloso com quem Israel tinha uma aliança. Esse Deus transcendente não poderia ser representado por imagem

---

[15] T. E. Fretheim, הוה. W. A. VanGemeren (org.), *Novo dicionário internacional de teologia e exegese do Antigo Testamento* (São Paulo: Editora Cultura Cristã, 2011), vol. 2, p. 1129.

alguma nem dividiria sua glória com nenhum outro ser.[16] Somente diante dele os seus fiéis devem se prostrar.[17]

A passagem de Êxodo 20:5 nos ensina que aquele ou aquilo a quem prestamos nossa homenagem máxima e nos submetemos de forma irrestrita é o Deus/deus a quem servimos. Portanto, adoração envolve valorizar um ser ou objeto acima de tudo, usando nossos recursos e tempo para expressar a posição suprema que ele ocupa em nossa vida. Por mais tempo e recursos que eu dedique à minha esposa e às minhas filhas pelo elevado valor que elas têm para mim, esses recursos e tempo não devem superar aqueles dedicados ao Senhor como o ser mais valioso de minha vida. Isso nos ajuda a identificar se adoramos algum ser criado em lugar do Criador. Como observou Timothy Keller:

> Qualquer coisa que seja tão central e essencial para sua vida é um deus falso, e, caso você o perca, sua vida dificilmente parecerá digna de ser vivida. O ídolo tem uma posição de controle em seu coração a ponto de você ser

---

[16] "Deus não é criatura; consequentemente, ele é santo. O 'atributo' da santidade refere-se a esse mistério do ser divino que o distingue como Deus. [...] Dizer que Deus é santo é dizer que Deus é Deus. Santidade sugere o poder, o mistério, a transcendência — mas não a inatingibilidade — de Deus. O Antigo Testamento com frequência recorre a antropomorfismos para falar de Deus. [...] Essa linguagem poderia levar à humanização de Deus, não fosse sua santidade. A santidade de Deus o separa de todas as outras coisas no universo, incluindo o próprio universo. A palavra "santo", usada para descrever Deus, torna impossível qualquer pensamento de um deus criado pelo ser humano. Deus não é uma pessoa divinizada." (Ralph Smith, *Teologia do Antigo Testamento* [São Paulo: Vida Nova, 2001], p. 180-1).

[17] David Peterson, *Teologia bíblica da adoração* (São Paulo: Vida Nova, 2019), p. 54.

capaz de investir nele a maior parte de sua paixão e energia, de seus recursos emocionais e financeiros, sem pensar duas vezes.[18]

Em Salmos, os povos da terra e os seres celestiais são chamados a prestar adoração ao Senhor mediante o reconhecimento de seu valor e grandeza infinitos:

Majestade e esplendor estão diante dele,
poder e dignidade, no seu santuário.
Deem ao Senhor, ó famílias das nações,
deem ao Senhor glória e força.
Deem ao Senhor a glória devida ao seu nome,
e entrem nos seus átrios trazendo ofertas.
Adorem ao Senhor no esplendor da sua santidade;
tremam diante dele todos os habitantes da terra.
Salmos 96:6-9

Atribuam ao Senhor, *ó seres celestiais,*
atribuam ao Senhor glória e força.
Atribuam ao Senhor *a glória que o seu nome merece;*
adorem o Senhor no esplendor do seu santuário.
Salmos 29:1,2

Em Josué, o valor supremo de Deus que leva Israel a adorá-lo é visto de forma concreta na história da nação, e

---

[18] Timothy Keller, *Deuses falsos: as promessas vazias do dinheiro, sexo e poder, e a única esperança que realmente importa* (São Paulo: Vida Nova, 2018), p. 20-1.

essa percepção do grandioso poder de Deus está associada à disposição de "servir" ou "adorar" (*'āḇaḏ*) a Deus:

> Foi *o próprio* Senhor, *o nosso Deus, que nos tirou, a nós e a nossos pais, do Egito, daquela terra de escravidão, e realizou aquelas grandes maravilhas diante dos nossos olhos. Ele nos protegeu no caminho e entre as nações pelas quais passamos. Além disso, o* Senhor *expulsou de diante de nós todas as nações, inclusive os amorreus, que viviam nesta terra. Nós também serviremos* [*'āḇaḏ*] *ao* Senhor, *porque ele é o nosso Deus.*
>
> Josué 24:17,18

A grandeza e o poder infinitos do Senhor foram demonstrados na libertação do Egito e na conquista da Terra Prometida, por isso, Israel decide *adorá-lo* (*'āḇaḏ*), confessando-o como "nosso Deus" (Josué 24:18). Desse modo, a adoração envolve a recordação dos grandes feitos do Senhor em favor de seus escolhidos que apontam para seu valor supremo. Como observou A. W. Tozer:

> A adoração cresce ou diminui em qualquer igreja dependendo de nossa atitude para com Deus, se o consideramos grande ou pequeno. A maioria de nós vê Deus em ponto pequeno; nosso Deus é diminuto. Davi exclamou: "Magnificai a Deus comigo" e magnificar não significa tornar Deus grande, pois você não pode fazer isso. O que pode fazer é vê-lo grande.[19]

---

[19] *O melhor de A. W. Tozer: textos inesquecíveis de um grande pregador.* 3. ed. (São Paulo: Mundo Cristão, 1997), p. 183.

'ābad

Quando se *"conhece"* o "poder" e a "força" do Senhor (Jeremias 16:21), percebe-se que todas as outras supostas divindades não passam de "deuses falsos" e "ídolos inúteis" (16:19,20). Portanto, a idolatria é tanto expressão de loucura e insensatez quanto de perversidade. Ela é loucura e insensatez porque consiste em dar valor supremo a algo que não passa de pau ou pedra. No exílio, Israel seria seduzido por essa tolice: "Lá vocês *prestarão culto* [*'ābad*] a *deuses de madeira e de pedra*, deuses feitos por mãos humanas, deuses que *não podem ver, nem ouvir, nem comer, nem cheirar*" (Deuteronômio 4:28).

A idolatria é perversa porque implica reduzir o Criador que está absolutamente acima e além de nós a uma representação inanimada ou insuficiente de uma criatura. Êxodo 32:1-8 descreve a nação de Israel forjando um bezerro de ouro para adorá-lo como deus. O que salta aos nossos olhos e nos surpreende é ver que eles chamam esse objeto inanimado de "Javé", o nome divino revelado a Moisés no processo de libertação do Egito: "Quando Arão viu, edificou *um altar para o bezerro* e proclamou: 'Amanhã haverá *uma festa a Javé*"[20] (32:5). Em vez de refletir a imagem de Deus exercendo o domínio sobre os animais (Gênesis 1:26-28), os israelitas tentaram domesticar o Senhor de acordo com sua imaginação e adoraram a imagem de um bezerro: "Muito depressa se desviaram daquilo que lhes ordenei e *fizeram um ídolo em forma de bezerro, curvaram-se diante dele*, ofereceram-lhe sacrifícios" (Êxodo 32:5-8, especialmente o versículo 8).

---

[20] Tradução do autor.

Relembrando esse evento do Sinai, o salmista descreve a perversidade de idolatria da nação de forma gráfica:

> Em Horebe *fizeram um bezerro*,
>   adoraram um ídolo de metal.
> *Trocaram a Glória deles pela imagem*
>   *de um boi que come capim.*
> Esqueceram-se de Deus, seu Salvador,
>   que fizera coisas grandiosas no Egito [...].
>
> Salmos 106:19-21

Idolatria não é apenas adorar o Deus errado, mas também impor sobre Deus a imagem que desejamos ter dele, buscando domesticá-lo e torná-lo palatável aos desejos enganosos de nosso coração. Em seu clássico *Mais perto de Deus*, A. W. Tozer nos alerta para essa outra forma de idolatria:

> O coração idólatra entende Deus de maneira diferente do que Ele realmente é [...] e substitui o Deus verdadeiro por um deus feito à sua imagem. Este deus sempre se conformará com a imagem daquele que o concebe e será falso ou puro, cruel ou benigno, conforme a condição moral da mente da qual emerge [...].
>
> Os conceitos errados a respeito de Deus não são apenas as fontes das quais jorram as águas poluídas da idolatria — são, em si mesmos, idólatras. O idólatra simplesmente imagina coisas a respeito de Deus e age como se estas coisas fossem verdadeiras.[21]

---

[21] A. W. Tozer, *Mais perto de Deus* (São Paulo: Mundo Cristão, 2007), p. 10.

'āḇaḏ

Conexões com o Novo Testamento

Na tentação de Jesus, o verbo grego *latreuō* ("adorar") é usado quando o Diabo apresenta ao Messias "todos os reinos do mundo e o seu esplendor" com a seguinte proposta: "Tudo isto te darei, se te prostrares e me *adorares* [*latreuō*]"[22] (Mateus 4:8,9). Como o "deus deste século" (2Coríntios 4:3), Satanás oferece a Jesus o poder e as riquezas máximos que um homem poderia ter, mais do que o próprio imperador romano da época. Para receber a dádiva diabólica, Jesus passaria a adorar o mundo e seu deus e se desviaria da devoção exclusiva ao Deus verdadeiro. Ceder à proposta do Diabo implicaria valorizar mais os reinos deste mundo e suas riquezas do que o próprio Deus.

Nesse momento, Jesus cita de forma resumida (Mateus 4:10) Deuteronômio 6:13, que dizia em sua forma original: "Temam o SENHOR, o seu Deus, e só a ele *prestem culto* [*'āḇaḏ*]". A Palavra de Deus é a "espada do Espírito" com a qual Jesus reage à investida de Satanás e se mantém firme em sua devoção ao Pai. O exemplo do Mestre nos ensina que as Escrituras nos capacitam a manter o foco em quem de fato deve ser adorado. Em lugar de prostrarmos o nosso coração diante dos vários ídolos que ele pode criar, a Bíblia nos faz olhar para o único Ser glorioso e digno do nosso culto. Nenhum "esplendor" deste mundo se compara ao *"esplendor da [..] santidade"* de Deus (Salmos 96:9).

---

[22] *Latreuō* é o verbo grego que, muitas vezes, traduz a palavra *'āḇaḏ* na versão grega do Antigo Testamento, chamada LXX ou Septuaginta. Essa tradução do hebraico para o grego ocorreu entre 250 e 150 a.C. por escribas judeus que viviam no Egito.

A valorização de Deus acima do que o Diabo poderia oferecer é a atitude que permeia o chamado de Jesus a colocarmos nosso coração no tesouro de valor eterno, em Mateus 6:19-21:

> Não acumulem para vocês *tesouros na te*rra, onde a traça e a ferrugem *destroem*, e onde os ladrões *arrombam e furtam*. Mas acumulem para vocês *tesouros nos céus*, onde a traça e a ferrugem *não destroem*, e onde os ladrões *não arrombam nem furtam*. Pois onde estiver o seu tesouro, aí também estará o seu coração.

Mais adiante, fica claro que nossos investimentos e esforços são direcionados pelo Senhor a quem valorizamos e servimos: "Ninguém pode *servir* a dois *senhores*; pois odiará um e amará o outro, ou se dedicará a um e desprezará o outro. *Vocês não podem servir a Deus e ao Dinheiro*" (Mateus 6:24). Não é à toa que, logo em seguida, Jesus exorta seus discípulos a não se preocuparem com o que comer, beber e vestir, pois o Pai celestial cuida de seus filhos (Mateus 6:25-32). Podemos depender dele, em vez de dependermos do deus Dinheiro ou do ídolo Trabalho. Deus é a nossa fonte última de subsistência, segurança ou significado. Ele é a fonte de água viva, por isso, não precisamos cavar "cisternas rachadas que não retêm água" (Jeremias 2:13).

Ao confiar no Pai celestial e depender dele, ficamos livres para valorizar e buscar "em primeiro lugar o Reino de Deus e a sua justiça", e todas as demais coisas nos "serão acrescentadas" (Mateus 6:33). Que prioridades movem o seu coração? Quais pensamentos dominam sua mente logo que você acorda? Você usa seus recursos para investir no que é eterno e tem valor infinito ou adora seu dinheiro como se ele existisse "de eternidade a eternidade"?

Quando reconhecemos o valor de Deus acima de todas as coisas juntamo-nos ao coro celestial do livro de Apocalipse e dizemos: "Digno é o Cordeiro que foi morto de receber poder, riqueza, sabedoria, força, honra, glória e louvor" (Apocalipse 5:12). Adorar, portanto, envolve "refletir alegremente de volta para Deus o brilho do seu valor"; e só fazemos isso de forma autêntica "quando afetos espontâneos brotam no coração", pois nele reside nosso tesouro, aquilo que mais estimamos e valorizamos.[23]

Como manter o coração no que é eterno e não cair na idolatria de devotar nossa afeição e estima supremas às coisas criadas? O apóstolo Paulo, ecoando textos como Jeremias 2 e Salmos 106,[24] indica que o abandono do verdadeiro conhecimento de Deus e a ingratidão nos empurram para o abismo da idolatria:

> [...] *tendo conhecido a Deus, não o glorificaram como Deus, nem lhe renderam graças*, mas os seus pensamentos tornaram-se fúteis e o coração insensato deles obscureceu-se. Dizendo-se sábios, tornaram-se loucos e *trocaram a glória do Deus imortal por imagens feitas segundo a semelhança*

---

[23] John Piper, *Teologia da alegria: a plenitude da satisfação em Deus* (São Paulo: Shedd, 2001).
[24] Veja uma exposição detalhada das alusões a textos do Antigo Testamento em Romanos 1.18-28 no texto de G. K. Beale, *Você se torna aquilo que adora* (São Paulo: Vida Nova, 2014), p. 201-215.

> *do homem mortal, bem como de pássaros, quadrúpedes e répteis* [...]. *Trocaram a verdade de Deus pela mentira, e adoraram e serviram a coisas e seres criados, em lugar do Criador*, que é bendito para sempre [...].
>
> Romanos 1:21-23,25

Sempre que a verdade de Deus exposta na Criação (e em sua Palavra) é suprimida em nosso coração e damos às costas a tudo o que o Criador fez, em atitude de ingratidão, estamos mergulhando em idolatria. "Os humanos são seres religiosos, e se eles se recusam a dar a Deus o lugar de preeminência que é legitimamente dele, então colocarão algo ou alguém no lugar de Deus".[25]

Como seguir o caminho inverso? Mais à frente, na própria Carta aos Romanos, Paulo mostra como o verdadeiro culto ocorre:

> Portanto, irmãos, rogo-lhes pelas misericórdias de Deus que se ofereçam em sacrifício vivo, santo e agradável a Deus; este é o culto racional de vocês. Não se amoldem ao padrão deste mundo, mas transformem-se pela renovação da sua mente, para que sejam capazes de experimentar e comprovar a boa, agradável e perfeita vontade de Deus.
>
> Romanos 12:1,2

A adoração legítima e verdadeira emana do reconhecimento das misericórdias de Deus manifestas em Cristo

---

[25] E. F. Harrison; D. A. Hagner, "Romans", in: T. Longman III; David E. Garland (orgs.), *The Expositor's Bible Commentary: Romans — Galatians* (Grand Rapids, MI: Zondervan, 2008), vol. 11, p. 48.

Jesus por nós. Quais misericórdias são essas? São aquelas expostas ao longo de toda a epístola:

- A graça de Deus em nos salvar e nos justificar por meio de Cristo Jesus (3:24-26).
- O amor de Deus por nós demonstrado na morte de seu Filho em favor de seres humanos que eram seus inimigos (5:8-10).
- O amor de Deus por nós que está acima de todas as coisas e nos garante que absolutamente nada pode nos roubar a salvação (8:35ss.).
- A bondade de Deus em nos fazer seu povo (11:22).

Portanto o caminho para a adoração ao Criador começa com a verdade do evangelho de Jesus Cristo. Quando nos apropriamos do que Jesus fez por nós na cruz do calvário, como expressão suprema e concreta do amor de Deus, somos libertos para a adoração ao Deus verdadeiro. Não oferecemos o cadáver de um animal imolado sobre o altar do tabernáculo, mas nossa própria vida como "sacrifício vivo, santo e agradável a Deus" (Romanos 12:1). E assim somos *transformados* pela "pela renovação da mente" para "experimentar e comprovar a boa, agradável e perfeita vontade de Deus" (12:2).

Desse modo, a verdadeira adoração começa com a redenção graciosa de Deus em Cristo, que transforma nosso modo de pensar para cumprirmos a missão de Gênesis 1 e 2: vivermos como imagens vivas do Deus verdadeiro em adoração a Ele.

פֶּסַח

PÁSCOA

6

pesaḥ

O QUE A PÁSCOA SIGNIFICA para você? Alguns diriam que, em situações normais, a Páscoa significa um feriado prolongado. Vários dias de tranquilidade sem precisar ir ao trabalho! Quem sabe alguns dias na praia ou no campo para relaxar. Mas se você costuma ficar em casa, a Páscoa pode significar um feriado sem barulhos na churrasqueira de seu condomínio, já que, por tradição, católicos em nosso país não comem carne vermelha na Sexta-Feira Santa.

Para muitas crianças, Páscoa é sinal de ovos de chocolate e é praticamente impossível você entrar em um mercado, em uma padaria ou mercearia nessa época do ano e não encontrar uma parte dedicada só para eles. Existe ovo de tudo quanto é tipo: trufado, recheado, para comer de colher, com surpresas, entre muitos outros. E, claro, geralmente esses ovos custam o dobro da barra de chocolate comum.

Quando, porém, olhamos para o real significado desse momento, percebemos que a Páscoa é mais do que um feriado prolongado ou ovos de chocolate. É muito comum, nos dias que se aproximam desse feriado, as escolas realizarem o sonho das crianças: ser coelho por um dia. Todas elas saem da aula com uma orelhinha na cabeça representando esse bichinho tão fofinho. A grande verdade, no entanto, é que a Páscoa fala sobre outro animal. Ela tem origem em uma palavra hebraica (*pesaḥ*) que passou a significar também "cordeiro pascal". Ou seja, a Páscoa não diz respeito ao Coelho, mas sim, ao Cordeiro.[1] Este dócil animal cuja morte garantiu aos antigos israelitas a vida de seus primogênitos. Entre comigo no túnel do tempo e vamos entender como tudo isso começou.

O CORDEIRO DA LIBERTAÇÃO

A história do sentido desta palavra remonta a cerca de 3.500 anos e é contada no livro de Êxodo. Ela diz respeito a um momento em que o povo de Israel era escravo dos egípcios e foi libertado de sua servidão. Liderados por Moisés, eles desejavam sair do Egito para adorar o Deus verdadeiro no deserto. Mas o faraó da época negou-se a deixá-los partir porque não queria perder sua mão de obra escrava. A resposta dele a Moisés foi: "Quem é o Senhor, para que eu lhe obedeça e deixe Israel sair? Não *conheço* [*yāḏa*] o Senhor, e não deixarei Israel sair" (Êxodo 5:1,2). Faraó conhecia diversas divindades no Egito, como Hórus, Osíris, Ísis, Heqt e Amon-Rá, mas nunca tinha ouvido falar

---

[1] Essa parte introdutória e o contraste entre coelho e cordeiro se baseia nas observações perspicazes do artigo de Jamil Abdalla Filho, *Coelho ou Cordeiro?*, antes disponível em: www.aleluia.com.br. Artigo disponibilizado pelo autor, via e-mail, em 16 de julho de 2022.

pesaḥ

do "Senhor", que no hebraico é o próprio nome da aliança revelado por Deus a Moisés em Êxodo 3:12-15. Esse nome é escrito em hebraico com quatro consoantes, YHWH,[2] e está ligado à presença atuante de Deus em favor de seu povo,[3] cuja expressão relacionada no contexto é traduzida nas versões por "Eu sou o que sou" (Êxodo 3:14).

O Senhor, então, decide responder a faraó usando o mesmo verbo hebraico, *yāḏaʿ* ("conhecer", "saber"), para falar das pragas que Ele enviará, a fim de que o faraó e os egípcios "conheçam" ou "saibam" quem é o Senhor:

> Então, porei a minha mão sobre o Egito, e com poderosos atos de juízo tirarei do Egito os meus exércitos, o meu povo, os israelitas. E os egípcios *saberão* [*yāḏaʿ*] que eu sou o Senhor, quando eu estender a minha mão contra o Egito e tirar de lá os israelitas.
>
> Êxodo 7:4,5

Os poderosos atos de Deus, isto é, as pragas que seriam enviadas sobre os egípcios, tinham como propósito fazer com que os opressores de Israel *conhecessem* quem é o Senhor. Isso é reforçado na quarta e na sétima pragas, quando o mesmo verbo hebraico é usado tanto para indicar que Deus está presente no Egito quanto para afirmar que não há ninguém como Ele.

---

[2] Sempre que as versões bíblicas usam "Senhor" com todas as letras maiúsculas (para ser mais exato em versal-versalete), elas estão traduzindo o nome de Deus formado pelas consoantes YHWH, que também aparece em algumas Bíblias em português como "Javé".

[3] Gerhard von Rad, *Teologia do Antigo Testamento*, 2. ed. (São Paulo: ASTE/Targumim, 2006), p. 178-180.

Se você não deixar meu povo ir, enviarei enxames de moscas para atacar você, os seus conselheiros, o seu povo e as suas casas. As casas dos egípcios e o chão em que pisam se encherão de moscas. Mas naquele dia tratarei de maneira diferente a terra de Gósen, onde habita o meu povo; nenhum enxame de moscas se achará ali, para que você *saiba* [*yāḏa*] que eu, o Senhor, *estou nessa terra.*

Êxodo 8:21,22

Disse o Senhor a Moisés: "Levante-se logo cedo, apresente-se ao faraó e diga-lhe que assim diz o Senhor, o Deus dos hebreus: 'Deixe o meu povo ir para que me preste culto. Caso contrário, mandarei desta vez todas as minhas pragas contra você, contra os seus conselheiros e contra o seu povo, para que você *saiba* [*yāḏa*] que em toda a terra *não há ninguém como eu.*'"

Êxodo 9:13,14

Assim, Deus enviou suas pragas como juízo contra a rebeldia e a injustiça praticadas por faraó e pela elite egípcia e como ato de revelação, a fim de que todos no Egito *soubessem* quem é o Senhor.[4] A última delas está associada à Páscoa e ao Cordeiro. Ela foi anunciada por Moisés ao faraó em Êxodo 11:4,5, dizendo que, por volta de meia noite, Deus passaria no meio da terra do Egito e "todos os primogênitos do Egito morrerão, desde o filho mais velho do faraó, herdeiro do trono, até o filho mais velho da escrava que

---

[4] Para mais informações sobre essa relação entre *yāḏaʻ* e os atos libertadores de Deus no Êxodo do Egito, ver Victor P. Hamilton, *Manual do Pentateuco*, 2. ed. (Rio do Janeiro: CPAD, 2006), p. 179-80.

pesaḥ

trabalha no moinho, e também todas as primeiras crias do gado", o que geraria uma grande comoção em todo o Egito como nunca houvera anteriormente (11:6). Em contraste, nada aconteceria com os israelitas, seus primogênitos não sofreriam nenhum arranhão (11:7). Mais uma vez, o verbo "saber" (*yāḏaʿ*) entra em ação para indicar um dos objetivos da última praga: "Então vocês *saberão* que o Senhor faz distinção entre o Egito e Israel" (11:7).

Como essa distinção entre os primogênitos dos egípcios e os dos israelitas seria feita? O Senhor estabeleceu um processo de substituição, isto é, em vez do filho mais velho de cada israelita morrer quando o Senhor visitasse o Egito, um cordeiro ou cabrito seria morto no lugar desse filho, e o sangue do animal seria passado nas laterais e nas vigas superiores das portas das casas dos israelitas (12:5-7). Esse sangue do animal faria toda a diferença, como indica o texto em que aparece o verbo hebraico *pāsaḥ* pela primeira vez ("passar", "prosseguir com dificuldade").[5] A palavra "Páscoa" (*pesaḥ*) origina-se desse verbo. Enquanto os primogênitos egípcios, tanto homens quanto animais, morreriam, Deus pouparia os dos israelitas: "O sangue será um sinal para indicar as casas em que vocês estiverem; quando eu vir o sangue, *passarei adiante* [*pāsaḥ*]. A praga de destruição não os atingirá quando eu ferir o Egito" (Êxodo 12:12,13).

Os israelitas obedeceram à Palavra de Deus e colocaram o sangue na porta, a fim de que nenhum primogênito

---

[5] Ludwig Koehler; Walter Baumgartner; M. E. J. Richardson; Johann Jakob Stamm, *The Hebrew and Aramaic Lexicon of the Old Testament* (1994—2000), p. 947.

morresse (12:21-23,28). À meia-noite, Deus passou para destruir todos os primogênitos dos egípcios; houve grande choro em toda aquela terra, o que levou o faraó a, finalmente, libertar os hebreus (12:29-32). Os únicos primogênitos que não morreram foram os dos israelitas, porque o sangue do cordeiro era o sinal de que naquela casa ninguém morreria. A Páscoa marcava o evento em que Deus *passou sobre* (*pāsaḥ*) as portas das casas dos hebreus (12:23) e seguiu adiante, preservando a vida de seu povo.

Observe que em todas as casas do Egito e da terra Gósen, onde viviam os israelitas, não houve diferença no índice de mortalidade. A grande questão era: "Quem morreu? Um ser humano ou um cordeiro?". O cordeiro substituía o primogênito em Israel, pois se o sangue tinha apenas a função de marcar as casas que pertenciam aos israelitas, Deus poderia ter ordenado a Moisés que os hebreus pintassem de vermelho as portas de seus lares. O sangue, contudo, lembrava que um sacrifício havia sido realizado, um substituto foi entregue no lugar dos meninos israelitas.[6]

A partir desse momento o evento passou a ser comemorado e o nome da festa ficou conhecida como "Páscoa" (*pesaḥ*, Êxodo 12:26,27,43,48). Os israelitas deveriam lembrar-se da libertação concedida por Deus e consumada na última praga, pois marcava o fim da escravidão do Egito, quando, enfim, o faraó permitiria a saída do povo de Israel (12:14-20,24-27). Essa celebração ocorreria mediante o sacrifício de um cordeiro (12:3-7,11).

---

[6] Tim Chester, *Êxodo para você* (São Paulo: Vida Nova, 2019), p. 95.

pesaḥ

O próprio cordeiro morto recebeu o mesmo nome da festa, simbolizando o livramento dos primogênitos israelitas (Deuteronômio 16:2; 2Crônicas 30:17).[7] O cordeiro da Páscoa é sinal de salvação da vida, garantido a preservação de seres humanos. O Cordeiro pagou o preço da morte no lugar daqueles hebreus.

Cada uma dessas celebrações da Páscoa teria um momento em que as gerações futuras perguntariam a seus pais sobre o significado da festa (Êxodo 12:26; 13:8,14). A responsabilidade dos pais era apontar para a graça poderosa de Deus que havia agido em favor de seu povo e trazido verdadeira redenção e liberdade (12:27; 13:15). De certa forma, a festa da Páscoa também era um chamado às gerações posteriores ao Êxodo a reencenar a história pascal e tornarem-se participantes dela. Ao participarem do ritual que envolvia o sacrifício do cordeiro como resgate dos primogênitos, as novas gerações de israelitas teriam sua identidade moldada como povo de Deus,[8] liberto para um relacionamento de aliança com o único Senhor digno da vida delas (Deuteronômio 16:1-8).

De que forma prática a Páscoa moldava as ações dos israelitas? Ela deveria conduzi-los a um relacionamento exclusivo de amor ao Senhor e adoração a Ele, resistindo aos apelos de outras divindades na terra de Canaã (Êxodo 20:1,2; Jeremias 2:4-8); também funcionava como um apelo aos israelitas para que tratassem uns aos outros

---

[7] O termo *pesaḥ* é traduzido por "oferta de Páscoa" em Deuteronômio 16:2, e por "os cordeiros da Páscoa", em 2Crônicas 30:17.

[8] Tim Chester, *Êxodo para você*, p. 103.

com justiça e misericórdia, em vez de opressão ou escravidão permanente, como o povo israelita havia experimentado no Egito e como ocorria nas outras nações (Deuteronômio 15:12-18; Miqueias 6:3-8).

Não podemos nos esquecer de que a Páscoa era um símbolo de libertação: "Isto será como sinal em sua mão e símbolo em sua testa de que o Senhor nos tirou do Egito com mão poderosa" (Êxodo 13:16). Portanto, a Páscoa original apontava para algo maior. Os israelitas foram libertos apenas da escravidão do Egito, não da escravidão do pecado. Também foram libertos da morte, mas somente "da morte da noite da Páscoa, não da morte eterna. A morte do cordeiro trouxe vida, mas não para sempre".[9] O fato de cada geração de israelitas repetir o resgate dos primogênitos por meio do cordeiro sacrificado apontava para algo maior que Deus ainda faria: resgatar seu povo de modo pleno e definitivo da culpa, da condenação e do poder do pecado.

O CORDEIRO JESUS

No desenrolar da história de salvação de Deus, o cordeiro ganha uma referência pessoal. Continua a significar salvação de vidas, mas de forma mais abrangente. Quando as cortinas da Palestina do século 1 se abrem, deparamos com uma cena impactante. João Batista se encontra com Jesus e proclama: "Vejam! É o Cordeiro de Deus que tira o pecado do mundo!" (João 1:29). A Páscoa ganha um novo

---

[9] Tim Chester, *Êxodo para você*, p. 101.

pesaḥ

significado a partir da vinda de Deus ao mundo na Pessoa de Jesus. O Cordeiro não é simplesmente um animal dócil, mas o próprio Cristo, e o foco de salvação não são alguns hebreus, mas os homens de todo o mundo. A libertação a ser trazida não é de cunho físico, mas espiritual, pois o problema do qual as pessoas são libertas é o pecado. O foco da redenção não está em uma mudança geográfica, mas em uma mudança ética.[10]

Durante a celebração da última Páscoa com seus discípulos, Jesus confirma o novo sentido da festa, indicado anteriormente por João. Não mais o corpo de um cordeiro imolado nem seu sangue derramado, mas o corpo e o sangue de Jesus estabelecendo uma nova aliança de Deus com os seres humanos: "Enquanto comiam, Jesus tomou o pão, deu graças, partiu-o, e o deu aos seus discípulos, dizendo: 'Tomem e comam; isto é o meu corpo'" (Mateus 26:26).

Todos estavam reunidos, encostados em almofadas e comendo juntos o aperitivo, que se constituía de ervas amargas e salada, quando Jesus tomou um pedaço grande de pão asmo, agradeceu a Deus pelo alimento concedido, partiu o pão e distribuiu aos seus discípulos. Esse gesto iniciava a refeição pascal, e o pão sem fermento tinha como propósito lembrar Israel de que "nesse mesmo dia", Deus tirou os seus "exércitos [...] do Egito" (Êxodo 12:17). O pão era a lembrança da aflição que os hebreus haviam experimentado na terra da escravidão e de sua fuga

---

[10] Victor P. Hamilton, *Manual do Pentateuco*, p. 192.

apressada quando o Senhor operou a salvação em seu favor (Deuteronômio 16:3). Contudo, na ceia de Jesus e seus discípulos, o pão ganhou uma implicação mais profunda. A ideia de libertação divina em favor de seu povo continua, mas agora o pão celebra o corpo de Jesus, o Messias, que é oferecido em favor da humanidade pecadora (Mateus 26:26; Marcos 14:22; Lucas 22:19; 1Coríntios 11:24).

O corpo de Jesus foi sacrificado por seus discípulos (Lucas 22:19), assim como o corpo do cordeiro era oferecido vicariamente pelos adoradores da antiga aliança (compare Hebreus 13:11 com 10:10). Paulo chama Jesus de nosso *Cordeiro Pascal* (1Coríntios 5:7), e Pedro nos lembra de que fomos redimidos de nossa "maneira vazia de viver [...] pelo precioso sangue de Cristo, como de um *cordeiro* sem mancha e sem defeito" (1Pedro 1:18,19). Jesus é nossa Páscoa!

Depois de partir o pão, o Mestre tomou o cálice, o último cálice de vinho que era bebido na refeição da Páscoa (Lucas 22:20; 1Coríntios 11:25).

> Em seguida tomou o cálice, deu graças e o ofereceu aos discípulos, dizendo: "Bebam dele todos vocês. Isto é o meu sangue da aliança, que é derramado em favor de muitos, para perdão de pecados".
>
> Mateus 26:27,28; Nova Versão Internacional

Assim como havia feito com o pão, Jesus deu graças ao Pai e distribuiu o mesmo cálice aos discípulos. Todos beberam, e o Mestre, então, explicou o novo sentido desse elemento: "Este é o meu sangue da aliança, que é derramado em favor de muitos" (v. 24). Assim como o pão indicava o sacrifício redentor de Cristo, o vinho lembrava que o derramamento de sangue fazia parte desse sacrifício e que a própria vida de Jesus se derramaria, a fim de que muitos fossem resgatados por Deus (Marcos 10:45).

Lucas explica que essa aliança simbolizada pelo vinho era a nova aliança (Lucas 22:19), prometida pelo profeta Jeremias (Jeremias 31:31-34). A base para ela estava na morte de Cristo ("meu sangue da aliança", Mateus 26:28), assim como a antiga aliança havia sido ratificada pelo sangue do Cordeiro aspergido sobre o povo de Israel (Êxodo 24:8). Sem dúvida, "muitos", aqui, indica a raça humana toda,[11] pois o texto nos remete a Isaías 53:11,12: "pelo seu conhecimento meu servo justo justificará *a muitos*, e levará a iniquidade deles. [...] porquanto ele derramou sua vida até à morte, e foi contado entre os transgressores. Pois ele *carregou o pecado de muitos*, e intercedeu pelos transgressores".[12] O sangue de Cristo é suficiente para salvar todos os homens.

---

[11] "Pela palavra *muitos*, Ele quer dizer não apenas uma parte do mundo, mas toda a raça humana; pois Ele contrasta *muitos* com *um*; como se dissesse que não será o Redentor de um homem apenas, mas morrerá para libertar *muitos* da condenação da maldição" (John Calvin, *Commentary on a Harmony of the Evangelists Matthew, Mark, and Luke*, edição de William Pringle [Bellingham: Logos, 2010], vol. 3, p. 214).

[12] "Uma vez que [Isaías] 53:12,13 se segue ao servo que é feito *'āshām* [oferta pela culpa], então 'muitos' parece ser uma referência àqueles que — sejam de Jacó/Israel, sejam das nações — ao realizar a necessária confissão de pecados são incluídos entre os descendentes do Servo" (Rikk E. Watts, "Marcos", in: G. K. Beale; Donald Carson, *Comentário do uso do Antigo Testamento no Novo Testamento* [São Paulo: Vida Nova]).

Cristo precisou dar a sua vida para trazer o perdão de que todas as pessoas precisavam. O apóstolo Paulo fala sobre isso na carta aos Romanos 5:6-11. A nossa situação de pecado motivou Cristo a morrer em nosso lugar quando éramos inimigos de Deus (5:6-8). Deus nos amou de tal forma que enviou seu Filho ao mundo para salvar-nos da ira de Deus contra nossos pecados (5:9,10). Em Jesus, o ser humano é salvo da ira do Criador e passa a ter, novamente, um relacionamento com Ele (5:10,11).

A paz com Deus, isto é, o retorno a um relacionamento com o Criador, ocorre por meio da fé no que Jesus fez por nós (Romanos 5:1). Por meio da confiança no sacrifício redentor de Cristo recebemos o presente da nova vida (Romanos 5:15-19; Efésios 2:8,9).

CONCLUSÃO

Um livro que leio e releio com minhas filhas é *O leão, a feiticeira e o guarda-roupa*, de C. S. Lewis.[13] Nesse volume das *Crônicas de Nárnia*, há uma cena em que a Feiticeira Branca comparece diante de Aslam, o Leão esperado para resgatar a terra de Nárnia do poder da feiticeira, e reivindica para si a vida de uma das crianças: Edmundo. O menino havia traído seus irmãos e colaborado com a feiticeira.

— Há um traidor aqui, Aslam! — disse a feiticeira.

Então ela continuou:

— Se alguém conhece tão bem quanto eu o poder mágico a que o imperador sujeitou Nárnia desde o princípio dos

---

[13] *As crônicas de Nárnia* (São Paulo: Martins Fontes, 2005), p. 99-186.

tempos, esse alguém é você [Aslam]. Sabe que todo traidor, pela lei, é presa minha, e que tenho direito de matá-lo! [...] Portanto essa criatura humana me pertence. A vida dela me pertence. Tenho direito ao seu sangue.[14]

Aslam chama a Feiticeira Branca para uma conversa e assume o lugar de Edmundo, entregando sua vida à feiticeira em favor do menino. A cena posterior registra a feiticeira e sua hoste em alegria tenebrosa matando Aslam na mesa de pedra. No dia seguinte, porém, a mesa de pedra se rompe e Aslam ressuscita, porque, segundo as leis de Nárnia, "se uma vítima voluntária, inocente de traição, fosse executada no lugar de um traidor, a mesa estalaria e a própria morte começaria a andar para trás".[15]

Com a ajuda de Aslam, o exército liderado por Pedro, uma das quatro crianças, vence as forças malévolas da Feiticeira Branca. Depois disso, o sol volta a brilhar definitivamente em Nárnia e as crianças (Pedro, Edmundo, Susana e Lúcia) são coroadas reis e rainhas de Nárnia.

Cada criança cresceu e ganhou uma qualificação: Pedro, o Magnífico; Susana, a Gentil; Lúcia, a Destemida; e Edmundo, o Justo![16] Isso mesmo! O menino outrora chamado "traidor", por ter sido desleal a seus irmãos e responsável pela morte de Aslam, passou a ser chamado justo.

Edmundo representa de maneira bela aqueles que reconhecem a morte de Jesus como necessária para

---

[14] Ibid., p. 165.
[15] Ibid., p. 175.
[16] Ibid., p. 184.

sua redenção e se entregam a Ele como seu Salvador e Senhor. Outrora chamados traidores, podemos ser hoje justos por causa de Cristo, que morreu em nosso favor na cruz do Calvário. Ele é o Leão-Cordeiro que tira o pecado mundo (Apocalipse 5:4-10). Jesus "foi entregue à morte por nossos pecados e ressuscitado para nossa justificação" (Romanos 4:25).

Como devemos celebrar a Páscoa hoje? Em primeiro lugar, a Páscoa é um momento de festa por nossa libertação e salvação. Ela não deveria ser um peso para nós ou um momento fúnebre, mas um banquete de alegria em que, unidos como povo de Deus, louvamos a Ele por tão grande salvação que operou em nosso favor por meio do sacrifício de seu próprio Filho. Cristo é nosso "cordeiro pascal" (πάσχα, 1Coríntios 5:7), [17] que foi sacrificado em favor do povo de Deus, a fim de que "celebremos a festa" da Páscoa com "sinceridade e verdade". A morte de Cristo marca o início de nossa nova vida e nos lembra de que, assim como os israelitas foram salvos da destruição da última praga por causa do sangue do cordeiro pascal nas portas das casas, assim também somos salvos da destruição eterna por causa do sangue de Jesus (Êxodo 12:7-14; 1Pedro 1:18,19). Podemos nos unir ao coral de Apocalipse 5 em louvor ao Cordeiro e declarar:

> Digno é o Cordeiro que foi morto de receber poder, riqueza, sabedoria, força, honra, glória e louvor [...]. Àquele que está

---

[17] Paulo escolhe aqui o termo que a versão grega do Antigo Testamento (a Septuaginta) utiliza para traduzir o hebraico *pesaḥ*.

pesaḥ

assentado no trono e ao Cordeiro sejam o louvor, a honra, a glória e o poder, para todo o sempre.

Apocalipse 5:12,13

Em segundo lugar, um coração grato por aquilo que Jesus, o Cordeiro de Deus, realizou por nós produzirá uma entrega de nossa própria vida para o serviço e a obediência a Deus. Quando percebemos a imensidão da misericórdia e da graça de Deus para conosco, oferecemos os nossos próprios corpos como sacrifício vivo, santo e agradável a Ele (Romanos 12:1). Paulo nos lembra que a Páscoa era celebrada com a Festa dos Pães sem Fermento. Nela, os judeus deveriam lançar fora todo o fermento que houvesse nas casas e comer apenas massa de pão sem fermento, o "pão asmo", que relembrava a fuga apressada do Egito (Êxodo 12:15-20,33-34,39; 13:1-11; Deuteronômio 16:1-4). Havia judeus tão radicais, que saíam com uma vela iluminando buracos escuros ou os cantos das casas, para verem se algum fermento restou. Em vez de se livrarem do fermento literal, os cristãos são chamados a abandonar "o fermento da maldade e da perversidade" (1Coríntios 5:7,8). Não há como permanecer no pecado para que a graça seja mais abundante, porque essa graça nos levou a morrer para o pecado que nos escravizava, concedendo vida com Deus em um andar justo (Romanos 6:1-23).

Em vez do "velho fermento" do pecado, o Senhor espera que o alimento de nossa vida cristã sejam "sinceridade e verdade" (1Coríntios 5.8). A ideia do termo "sinceridade" aqui é a de motivação transparente, pura, sem nada escondido por trás de nossas ações (cf. 2Coríntios 1:12; 2:17;

Colossenses 2:5). Paulo exorta os coríntios a viverem uma nova vida dirigida pela verdade do evangelho e por um coração puro e sincero. "A igreja cristã não é simplesmente a velha sociedade remendada. Ela é radicalmente nova."[18]

Por fim, assim como a festa anual da Páscoa moldava a identidade dos israelitas, a Ceia do Senhor celebrada mensal ou semanalmente em nossas comunidades locais deve moldar nossa identidade como discípulos de Jesus. Não apenas nos lembramos do que Cristo realizou em sua morte e ressurreição, mas reencenamos essa história de redenção ao partir o pão como o "corpo, que é dado em favor de vocês", e ao servir o vinho da "nova aliança" no sangue de Jesus (1Coríntios 11:23-25). A história de Jesus torna-se a nossa história e molda nossa forma de pensar:[19] "Quanto a mim, que eu jamais me glorie, a não ser na cruz de nosso Senhor Jesus Cristo, por meio da qual o mundo foi crucificado para mim, e eu para o mundo" (Gálatas 6:14).

Ao moldar nossa identidade, a Páscoa celebrada na Ceia do Senhor funciona como um pêndulo: olhamos para o passado e participamos da morte e da ressurreição de Jesus como uma realidade viva para nós; ao mesmo tempo olhamos para o futuro quando a salvação em Cristo será plenamente consumada em sua Segunda Vinda. A Ceia nos enche de esperança ao apontar para aquele momento final mencionado pelo Senhor Jesus na Última Ceia: "Eu lhes afirmo que não beberei outra vez do fruto da videira, até

---

[18] Leon Morris, *1Coríntios: introdução e comentário* (São Paulo: Vida Nova), p. 72.

[19] Tim Chester, *Êxodo para você*, p. 104.

aquele dia em que beberei o vinho novo no Reino de Deus" (Marcos 14:25). Portanto, querido leitor, sempre que comemos do pão e bebemos do cálice, anunciamos "a morte do Senhor até que ele venha!" (1Coríntios 11:26).

קָדוֹשׁ

SANTO

7

qāḏôsh

O TELEFONE TOCA na garagem do exército. A voz de uma autoridade do outro lado da linha pergunta quantos veículos estavam funcionando. O soldado João responde:

— Temos doze caminhões, dez tanques, três carros comuns e mais um carro de luxo usado por aquele coronel gordo e chato que sempre vem aqui.

A voz do outro lado fica em silêncio por um tempo e, então, diz:

— Você sabe com quem está falando?!

— Não! — diz João.

— É o coronel gordo e chato sobre quem você se refere com tanto desrespeito.

— E você sabe com quem está falando?!

— Não — diz o Coronel.

— Ainda bem! — responde João e rapidamente desliga o telefone.

Em nosso relacionamento com Deus, é muito importante "saber com quem estamos falando". A Bíblia retrata o Senhor como aquele cujo trono é o céu, e a terra é o estrado em que seus pés repousam (Isaías 66:1). Embora Deus seja exaltado acima de nossa compreensão, há um tipo de pessoa que chama a atenção dele: o "humilde e contrito de espírito, que treme diante da minha palavra" (Isaías 66:2). A condição majestosa e gloriosa de Deus deve gerar em nós uma atitude correta de reverência, temor e humildade. Quando a Bíblia se refere ao Senhor como "o Santo" ou "o Santo de Israel", ela está enfatizando antes de tudo sua condição gloriosa de Criador, um ser que é totalmente diferente de nós, criaturas limitadas, finitas e de poder temporário. Portanto, ao nos aproximarmos desse Deus grandioso e temível, é fundamental sabermos com quem estamos falando. Vamos conhecer melhor quem é o Deus Santo com quem nos relacionamos e que nos chama a uma vida consagrada a Ele.

DEUS, O SANTO

O livro de Samuel começa com a cena de uma família vivendo um conflito intenso. Elcana, um israelita da região de Efraim, havia se casado com duas mulheres: Ana e Penina. O texto hebraico indica que Penina era a "segunda" esposa (1Samuel 1:2), o que sugere para nós que a esterilidade de Ana (1:5,6) levou Elcana a casar-se com Penina na tentativa de gerar filhos. Depois de sofrer por muito tempo a angústia da esterilidade e das provocações de Penina, Ana clamou pela ajuda de Deus e pela dádiva de um filho (1Samuel 1:2-11). O Senhor demonstrou seu poder e graça sobre a vida dessa humilde mulher, concedendo-lhe o menino Samuel (1:19,20). Ao retornar ao santuário de Siló, onde havia orado a Deus pela criança, Ana

qāḏôsh

fez uma oração repleta de verdades sobre Deus e sua atuação na história.

Em um dos trechos dessa oração, Ana exclama: "Não há ninguém santo [*qāḏôsh*] como o S‍ENHOR" (1Samuel 2:2). O atributo de Deus proclamado nessa passagem é a sua santidade; esta é praticamente um sinônimo para o próprio ser de Deus[1] e indica que o Senhor está acima de todas as fraquezas e imperfeições dos seres humanos, por isso, é capaz de realizar maravilhas (Êxodo 15:11).[2] "Nesse contexto, a santidade de Deus se refere primariamente à sua soberania e incomparabilidade. Ele é único e distinto de todo os outros assim chamados deuses".[3] Só o Deus de Israel era capaz de tornar a estéril mãe de filhos (1Samuel 2:5).

Apesar das várias ocorrências de "santo" (*qāḏôsh*) e do substantivo de mesma raiz, "santidade",[4] indicarem a pureza moral do Senhor ou de seu povo (Levítico 19:2; Josué 24:19; Salmos 15:1ss; Isaías 17:7; 30:11),[5] a natureza transcendente e majestosa de Deus parece ser o significado

---

[1] Compare os textos de Amós 4:2 e 6:8. No primeiro, o profeta diz que o Senhor "jurou pela sua santidade", no segundo, ele usa uma fórmula parecida e afirma que Deus "jurou por si mesmo". A santidade de Deus é usada na primeira passagem como um sinônimo do próprio ser transcendente do Senhor.

[2] Thomas E. McComiskey, "קָדֵשׁ", in: Laird R. Harris; Gleason L. Archer Jr.; Bruce K. Waltke, *Dicionário internacional de teologia do Antigo Testamento*, p. 1322.

[3] Biblical Studies Press, *The NET Bible* (Biblical Studies Press, 2005), 1Samuel 2.2, study note 5 (versão eletrônica).

[4] O termo hebraico é *qōḏesh*.

[5] Thomas E. McComiskey, "קָדֵשׁ", p. 1322-3.

principal de sua santidade.⁶ Quando falamos da natureza transcendente de Deus, estamos nos referindo à sua condição de Criador, que o torna "distinto e independente da natureza e da humanidade".⁷ Embora Deus esteja envolvido com sua criação, Ele não está totalmente identificado ou contido nela, sendo superior e distinto de suas criaturas de diversas maneiras. Em linguagem teológica, Deus é o "totalmente outro", pois está acima e além do mundo criado.⁸

> Deus não é criatura; consequentemente, ele é santo. O "atributo" da santidade refere-se a esse mistério do ser divino que o distingue como Deus [...]. Dizer que Deus é santo implica dizer que Deus é Deus. [...] O Antigo Testamento com frequência recorre a antropomorfismos para falar de Deus. Fala dos seus olhos, rosto, pés, braço e mão. Essa linguagem poderia levar à humanização de Deus, não fosse sua santidade. A santidade de Deus o separa de todas as outras coisas no universo, incluindo o próprio universo. A palavra "santo", usada para descrever Deus, torna impossível qualquer pensamento de um deus criado pelo ser humano. Deus não é uma pessoa divinizada.⁹

---

⁶ Ralph L. Smith, *Teologia do Antigo Testamento: história, método e mensagem* (São Paulo: Vida Nova, 2001), p. 183.

⁷ Millard J. Erickson, *Teologia sistemática* (São Paulo: Vida Nova, 2015), p. 305.

⁸ Rudolf Otto, *O Sagrado* (São Leopoldo/Petrópolis: Sinodal/Vozes, 2007), p. 60-3.

⁹ Ralph L. Smith, *Teologia do Antigo Testamento*, p. 180-1.

qāḏôsh

Uma cena que ilustra bem essa ideia da santidade divina como uma referência à sua majestade, que precisa ser reverenciada e temida, é a do retorno da arca da aliança do território filisteu a Israel. A arca simbolizava a própria presença de Deus, mais especificamente o trono dele, onde Ele estava assentado como rei entre seu povo (Êxodo 25:21,22; Números 10:35,36; 1Samuel 4:4). Depois de adorarem a Deus e celebrarem o retorno da arca (1Samuel 6:13-18), alguns homens de Bete-Semes tiveram a curiosidade de olhar o que havia dentro dela e mexeram na arca. Qual foi a consequência disso? Deus matou todos os curiosos (1Samuel 6:19). A seriedade e o temor que isso provocou levaram os habitantes de Bete-Semes a perguntar: "Quem pode permanecer na presença do Senhor, esse Deus santo [*qāḏôsh*]?" (6:20). A santidade de Deus aqui está relacionada à natureza majestosa e temível do Senhor. Ele não pode ser tratado de qualquer forma, sob pena de se perder a própria vida.

A passagem de Isaías 6:1-5 narra o chamado de Isaías no ano da morte do rei Uzias. O que predomina na cena é a visão da realeza gloriosa de Deus e do seu poder supremo: Ele está assentado em um "trono alto e exaltado", a ponta da sua veste enche o templo, os serafins cobrem o rosto porque não conseguem contemplar a glória de Deus, e "a terra inteira está cheia da sua glória" (6:1-4). Embora o rei de Judá tivesse falecido, o Senhor, o rei supremo, continuava assentado em seu trono, reinando sobre tudo e todos. Em um momento da visão, os serafins reconhecem a natureza majestosa do Senhor: "*Santo, santo, santo* é o Senhor dos Exércitos" (6:3). Nenhum outro atributo de Deus é mencionado três vezes de forma seguida como a santidade dele aqui.[10] Essa repetição tríplice indica que o Senhor é santíssimo. Não há outro ser tão santo quanto o Deus de Israel. Ainda que Isaías perceba a santidade moral do Senhor em contraste com sua pecaminosidade, o que leva o profeta a exclamar "Ai de mim!" é o fato de que, além de ser puro, este Deus é o Rei Supremo (6:5).[11]

A transcendência divina, essencial para o conceito de santidade, pode ser vista na declaração: "Pois *sou Deus*, e não homem, *o Santo* no meio de vocês. Não virei com ira" (Oseias 11:9). Aqui, o fato de Deus ser "Santo" torna-o distinto de toda a humanidade. Ele não é como nós, que nos iramos facilmente. Ele é Deus, o Santo, que está acima de paixões e instabilidades que caracterizam as criaturas. O texto de Habacuque 3:3 também coloca em paralelo os termos "Deus" e "Santo" como sinônimos:

> *Deus* veio de Temã,
> *o Santo* veio do monte Parã.

O salmo 99 declara três vezes a santidade do Senhor (99:3,5,9), e esse conceito claramente se relaciona com sua majestade, supremacia e poder temível. Deus é santo porque Ele é o rei que governa todas as coisas e diante de sua presença todas as nações tremem e a terra se abala.

---

[10] R. C. Sproul, *Deus é Santo! Como posso me aproximar dele?* (São José dos Campos: Fiel, 2014), p. 25-26.

[11] H. P. Müller, "קדש", in: Ernst Jenni; Claus Westermann, *Theological Lexicon of the Old Testament*, vol. 3, p. 110-111.

qāḏôsh

O S<small>ENHOR</small> *reina*! As *nações tremem*!
O *seu trono* está sobre os querubins!
Abala-se a terra!
Grande é o S<small>ENHOR</small> em Sião;
    ele é *exaltado acima de todas as nações*!
Seja louvado o teu *grande e temível nome*,
    que é *santo* [*qāḏôsh*].
Rei poderoso, amigo da justiça!
Estabeleceste a equidade
    e fizeste em Jacó o que é direito e justo.
Exaltem o Senhor, o nosso Deus,
    prostrem-se diante do estrado dos seus pés.
Ele é *santo* [*qāḏôsh*]!

Salmos 99:1-5

Observe como essa passagem que define Deus como "santo" está repleta de uma linguagem sobre sua natureza elevada e suprema. Permita que estes termos sejam absorvidos por sua mente e seu coração: "reina", "nações tremem", "Abala-se a terra", "exaltado acima de todas as nações", "grande e temível nome", "prostrem-se diante do estrado dos seus pés". O efeito cumulativo dessas palavras nos leva a exclamar como Ana: "Não há ninguém santo [*qāḏôsh*] como o S<small>ENHOR</small>!". Deus está tão acima dos seres humanos de modo que nem mesmo o rei mais glorioso e poderoso da história deste mundo chega aos pés da majestade dele. Se juntássemos todas as riquezas e glórias acumuladas pelos mais poderosos impérios da história, elas não passariam de uma gota quando comparadas com o oceano da supremacia gloriosa do Senhor.

Talvez comparações sejam de fato insuficientes e inadequadas para falar da transcendência majestosa de Deus. Como A. W. Tozer observou:

> A santidade de Deus não é simplesmente o melhor que conhecemos, infinitamente melhorado. Não conhecemos nada semelhante à santidade de Deus. Ela permanece à parte, única, inatingível, incompreensível; o homem natural é cego em relação à santidade de Deus. Poderá temer o poder de Deus e admirar sua sabedoria, mas não pode sequer imaginar a sua santidade.[12]

O Novo Testamento reforça essa visão da santidade majestosa e transcendente de Deus. O Evangelho de João apresenta o Pai como aquele que "ninguém jamais viu" (João 1:18), e em 1Timóteo, há a declaração de que Deus "habita em luz inacessível, a quem ninguém viu nem pode ver" (1Timóteo 6:16). O Senhor Jesus é confessado como o Rei eterno e imortal, digno de toda honra e glória (1Timóteo 1:17). Ele é o soberano supremo, o Rei dos reis e Senhor dos senhores (1Timóteo 6:15,16).

Pelo fato de Deus ser o Criador invisível, de poder eterno e absoluto (atributos que indicam transcendência), é loucura adorar criaturas e objetos criados em lugar dele (Romanos 1:18-25). O louvor dos santos no céu flui do entendimento de que Deus é todo-poderoso e rei das nações, o único

---

[12] A. W. Tozer, *Mais perto de Deus*, 2. ed. (São Paulo: Mundo Cristão, 2007), p. 123.

qāḏôsh

merecedor de glória e honra (Apocalipse 15:3,4). Essas passagens revelam a ligação íntima entre a majestade divina e a adoração.

Nos dias de hoje, existe a necessidade urgente de cultivar uma adoração centrada no Deus transcendente, e não no ser humano criado. Grande parte da comunidade cristã tem enfatizado a experiência do crente durante o momento de adoração, em vez de focalizar o Deus glorioso e transcendente que estabelece a forma correta de adorar. Eugene Peterson classificou essa busca intensa por satisfação pessoal como "neobaalismo",[13] em referência à antiga adoração a Baal na época bíblica, e afirmou o seguinte:

> A ênfase do baalismo estava na ligação psicofísica e na experiência subjetiva. O abismo entre o homem e Deus era eliminado em sua existência por meio de ritos participativos. A terrível majestade de Deus, sua "diversidade", era assimilada pelas paixões religiosas do adorador [...]. Os desejos que inflamavam a alma eram satisfeitos no ato cultual da adoração. A transcendência da divindade era superada pelo êxtase da sensação.[14]

No neobaalismo, o culto gira em torno dos desejos do adorador, buscando satisfazê-los, e tende a proporcionar um entretenimento empolgante. O culto "agradável" para o adorador contemporâneo não é mais aquele em que há uma

---

[13] Eugene Peterson, "Baalism and Yahwism Update", *Theology Today*, vol. 29, n. 2 (1972), p. 141.
[14] Ibid., p. 139.

proclamação fiel das Escrituras, mas o que lhe traz maior satisfação pessoal.[15] A ênfase na experiência subjetiva de adoração torna a glória de Deus secundária no culto e faz do homem a medida suprema. O Criador transcendente é substituído pela criatura limitada, e a reverência humana devida ao único Deus verdadeiro é trocada pela adoração ao próprio homem. Assim, a adoração torna-se antropocêntrica (centrada no ser humano), e não teocêntrica (centrada em Deus). Essa situação é muito bem descrita e criticada por Stephen Charnock, teólogo inglês do século XVII:

> Fingir estar prestando homenagem a Deus e visar apenas ao interesse do próprio eu é zombar de Deus, em vez adorá-lo. Quando acreditamos que devemos ficar satisfeitos, em vez de glorificar a Deus, nós o colocamos abaixo de nós e imaginamos que Ele deve submeter a própria honra ao nosso interesse; assim queremos nos fazer mais gloriosos do que Deus.[16]

O livro de Romanos descreve essa postura como uma inversão do que Deus estabeleceu, trocando a verdade pela mentira e dando glórias à criatura em lugar do Criador (Romanos 1:21-23,25).

Certamente, nossa adoração comunitária deve expressar a alegria e a confiança que fluem do relacionamento com

---

[15] Valdeci dos Santos, "Refletindo sobre a adoração e o culto cristão", *Fides Reformata*, vol. 3, n. 2 (1998), p. 140.

[16] Stephen Charnock, *Discourses Upon the Existence and Attributes of God* (New York: Robert Carter & Brothers, 1874), p. 241.

qāḏôsh

aquele que é nosso Pai amoroso, mas precisamos tomar cuidado para não tratar Deus como nosso igual ou, pior ainda, como nosso servo. A extravagância em excesso nos cultos de diversas igrejas e movimentos evangélicos dos nossos dias provavelmente revela a falta de uma consciência clara do Deus que é "o Santo" (Oseias 11:9). "Embora haja amor e confiança, e abertura entre nós e Deus, não somos iguais. Ele é o soberano Senhor todo-poderoso. Nós somos seus servos e seguidores."[17]

De que forma temos adorado a Deus quando estamos reunidos com nossa comunidade de fé? Será que nos aproximamos dele com temor e tremor, conscientes do Deus glorioso a quem cultuamos? Nossas músicas e ações durante o louvor expressam reverência pelo Senhor que criou céus e terra ou demonstram uma falta de cuidado e respeito por aquele que é o Santo? Você se prepara para o culto de domingo de manhã, dormindo cedo e lembrando-se de passagens bíblicas que nos falam quem Deus é, ou chega cansado e distraído no culto porque ficou acordado até mais tarde no sábado à noite assistindo à sua série preferida? Como Deus é apresentado pelo dirigente ou pregador em sua igreja local? Como "um cara legal" ou como o nosso Pai glorioso a quem devemos honrar e glorificar?

Quando ganhamos a consciência da grandeza do nosso Deus e de sua absoluta soberania, somos levados a nos prostrarmos no chão, sem fôlego, como João diante do Cristo exaltado na visão do Apocalipse (Apocalipse 1:17) ou como

---

[17] Millard J. Erickson, *Teologia sistemática*, p. 313.

Isaías ao contemplar aquele que estava assentado em um "trono alto e exaltado": "Ai de mim! Estou perdido! Pois sou um homem de lábios impuros e vivo no meio de um povo de lábios impuros; os meus olhos viram o Rei, o Senhor dos Exércitos!" (Isaías 6:5). Jamais se esqueça de que "adorar é vivificar a consciência com a santidade de Deus, alimentar a mente com a verdade de Deus, purificar a imaginação com a beleza de Deus, abrir o coração ao amor de Deus e dedicar a vontade ao propósito de Deus".[18]

SANTIDADE COMO SEPARAÇÃO

O Deus Santo se identificou de tal forma com Israel na aliança do Sinai (Êxodo 19—24) que passou a ser chamado também de "O Santo de Israel". Desse modo, a santidade majestosa de Deus está à disposição para agir em favor de Israel, a fim de salvar e libertar (Isaías 29:19; 30:11-15; 31:1; 41:14,16,20; 43:15; 45:11; 47:4),[19] ao mesmo tempo em que a nação é chamada a viver de modo santo, isto é, consagrado a Deus (Êxodo 19:5,6).

Quando eu tinha por volta de 12 anos de idade, uma das coisas que mais gostava de fazer depois do almoço era pegar duas ou três laranjas da fruteira de casa e comê-las sentado em uma cadeira de praia, aproveitando o sol dos dias de inverno em São Paulo (o que às vezes gerava

---

[18] William Temple, citado em Robert L. Dickie, *O que a Bíblia ensina sobre adoração* (São José dos Campos: Fiel, 2007), p. 23.

[19] Walter Brueggemann, *Theology of the Old Testament: Testimony, Dispute, Advocacy* (Minneapolis: Fortress, 1997), p. 289.

manchas no rosto). Com o tempo, percebi que algumas laranjas da fruteira criavam fungos quando ficavam muito tempo ali e começavam a apodrecer. E não apenas isso. Elas também contaminavam as demais com esses fungos e as tornavam inapropriadas para o consumo. Assim, caso eu quisesse preservar as laranjas que estavam boas para comê-las depois, eu precisaria separá-las das que estavam contaminadas. A separação das laranjas da contaminação de outras tinha como objetivo torná-las apropriadas para mim. Essa minha experiência com laranjas ilustra de certa forma o próprio processo de santificação de Israel: Deus havia santificado seu povo, isto é, separando-o para servir ao Senhor como testemunho vivo às nações do Deus Santo, que havia redimido Israel e estabelecido um relacionamento de aliança com essa nação.

A ênfase na santidade de Israel por pertencer ao Senhor é repetida diversas vezes no livro de Levítico (11:45; 19:2; 20:26). As leis especiais que encontramos nesse livro, em particular as dos capítulos 1—7 e 11—26 (aplicadas a toda a nação), separam Israel como um povo cuja vida de pureza e santidade o liga a Deus e cujo maior benefício é a presença do Senhor em seu meio.[20] Como observou Carlos Osvaldo: "a comunhão desejada (ou melhor, ordenada) por Javé com seu povo dependia da assimilação de *seu* conceito de santidade pelos israelitas".[21]

---

[20] Paul House, *Teologia do Antigo Testamento* (São Paulo: Vida, 2005), p. 173.
[21] Carlos Osvaldo Pinto, *A estrutura literária do Antigo Testamento*, 3. ed, (São Paulo: Hagnos, 2021), p. 91.

Não faria sentido Deus libertar Israel do Egito para que seu povo se envolvesse nas mesmas práticas que levavam as outras nações a se afundarem em uma perversidade cada vez maior. Em vez de tomar o Egito ou Canaã como modelo, Israel deveria vivenciar a própria santidade de Deus ao obedecer aos "decretos e ordenanças" dele — só assim os israelitas desfrutariam de vida plena (Levítico 18:1-5).[22]

A separação de Israel como nação santa implicava evitar práticas comuns entre os povos ao seu redor que estavam associadas à adoração a deuses falsos: "Não façam cortes no corpo nem rapem a frente da cabeça por causa dos mortos, pois *vocês são povo consagrado* [*qādôsh*] *ao* Senhor, *o seu Deus*. Dentre todos os povos da face da terra, o Senhor os escolheu para serem o seu tesouro pessoal" (Deuteronômio 14:1,2). As proibições de Levítico 19:26-28 também estão relacionadas a ritos praticados pelos vizinhos de Israel, dos quais os israelitas deveriam se abster para manter sua identidade exclusiva como povo do Senhor. O texto de Deuteronômio 12:29-31 segue a mesma direção:

> O Senhor, o seu Deus, eliminará da sua presença as nações que vocês estão a ponto de invadir e expulsar. [...] e depois que elas forem destruídas, tenham cuidado [...] para não se interessarem pelos deuses delas, dizendo: 'Como essas nações servem aos seus deuses? Faremos o mesmo!' Não adorem o Senhor, o seu Deus, da maneira como fazem essas nações, porque, ao adorarem os seus deuses, elas

---

[22] Paul House, *Teologia do Antigo Testamento*, p. 180-1.

qāḏôsh

fazem todo tipo de coisas repugnantes que o Senhor odeia, como queimar seus filhos e filhas no fogo em sacrifícios aos seus deuses.

A santidade de Deus não apenas distinguia Israel das outras nações, mas abrangia também aspectos do dia a dia do povo escolhido. Levítico 19 traz uma série de mandamentos cuja base está expressa no versículo 2: "Sejam santos porque eu, o Senhor, o Deus de vocês, sou santo". A santidade de Deus serve de fundamento para as ordens desse capítulo. Ao estudar Levítico 19, somos lembrados de que a santidade de Deus irrompe neste mundo e permeia toda a vida do ser humano.

As expressões "Eu sou Senhor" ou "Eu sou o Senhor, seu Deus" se repetem e funcionam como marcadores das seções de Levítico 19. Com base no chamado à santidade (v. 2), Levítico 19 apresenta mandamentos que expressam a santidade na vida de Israel. A santidade afetava aspectos econômicos e o cuidado com os pobres (19:9,10), a atitude correta em um tribunal (19:12,15), o uso da língua (19:16), a prática da agricultura ou da criação de animais (19:19), a postura adequada diante dos idosos da sociedade (19:32), o cuidado com os estrangeiros (19:33,34), entre outros elementos do cotidiano. Aqui, aprendemos uma lição importante: a santidade de Deus não é "discreta", restringindo-se a um "canto" ou área de nossa vida. Ela precisa transformar nosso viver por completo, permeando nosso tempo e espaço.

No Novo Testamento, descobrimos que a igreja de Cristo desempenha hoje o papel de povo santo de Deus. 1Pedro 2:9 afirma: "Vocês, porém, são geração eleita, sacerdócio real, *nação santa, povo exclusivo de Deus*, para *anunciar as grandezas* daquele que os chamou das trevas para a sua maravilhosa luz". Como homens e mulheres alcançados pela misericórdia de Deus, somos chamados a viver uma vida que reflete a santidade divina.

Todos os cristãos são santos, mas esse estado de santidade precisa se expressar em uma conduta santa (Colossenses 1:22; 1Tessalonicenses 4:3-8), que implica obediência ao que Deus revelou no evangelho de Jesus Cristo (Romanos 6:17-19).[23] Por isso, o apóstolo Pedro cita Levítico 19:2 como base para a exortação a andarmos em santidade:

> Como filhos da obediência, não amoldeis *às paixões que tínheis anteriormente na vossa ignorância*. Pelo contrário, *segundo é santo aquele que vos chamou, tornai-vos santos também vós mesmos*, porque está escrito: "Sede santos porque eu sou santo".
>
> 1Pedro 1:14-16

Você e eu não estamos mais condenados à escravidão do pecado ou das paixões pecaminosas que nos governavam antes. Somos libertos para viver sob o domínio do Espírito Santo (Romanos 8:1,2), expressando em nossa vida o caráter santo de Deus. Se antes agíamos sob o impulso de nosso coração corrupto e pecaminoso, hoje devemos agir como pessoas que são o santuário de Deus (1Coríntios 3:16,17;

---

[23] Gordon J. Wenham, *Levítico: comentário exegético* (São Paulo: Vida Nova, 2021) p. 22.

6:19,20). Como a sua vida é caracterizada: por impulsos de seu coração ou por domínio próprio, amor, justiça e bondade que provêm do Espírito Santo atuando em nós? Se a santidade de Deus abrange todo o nosso viver, existem áreas de sua vida que ainda não se dobraram ao Senhor Jesus? Como você pode crescer em santidade nessas dimensões de sua vida e testemunhar, de modo autêntico, o caráter do Deus Santo que o redimiu?

> Deus é santo, com santidade absoluta, desmedida, a qual não pode transmitir às suas criaturas. Mas há uma santidade relativa e contingente que Ele compartilha com os Seus anjos e serafins no céu e com os redimidos aqui na terra, em preparação para o céu. Essa santidade Deus pode transmitir a Seus filhos, e o faz. [...] Pela fé e obediência, pela meditação constante sobre a santidade de Deus, amando a justiça e odiando a iniquidade, crescendo sempre no conhecimento do Espírito de Santidade, podemos nos acostumar à comunhão dos santos na terra e nos preparar para a comunhão eterna com Deus e os santos lá do alto.[24]

Ao encararmos nossa vida *coram Deo* ("diante de Deus"), nenhum ato se torna insignificante e nenhum pecado é visto como "coisa pequena". Se estamos conscientes da santidade e da majestade de Deus, tememos falar uma pequena mentira, ofender o nosso próximo, ser desonestos num pequeno detalhe ou ver em secreto aquilo que não

---

[24] A. W. Tozer, *Mais perto de Deus*, p. 126.

teríamos coragem de ver em público. O Senhor é o grande soberano digno da minha e da sua reverência e submissão. Ele é o rei e Senhor. Nossa reação diante de um Deus tão grande e poderoso deve ser admiração e reverência. Deus não é algo quentinho que sentimos no estômago, não é um Papai Noel cósmico nem é o "cara lá de cima". Ele é o rei de toda a terra, o Senhor das nações e o Santo a quem consagramos nossa vida. Deus não deseja uma parte de nossa vida, Ele nos chama à rendição completa de todo o nosso ser.

"Como Moisés, devemos nos revestir de fé e humildade enquanto olhamos de relance para o Deus a quem homem algum jamais viu e continuou vivendo." Ao mesmo tempo, devemos "crer que Deus nos vê perfeitos através de seu Filho, enquanto nos disciplina e purifica, para que possamos participar de sua santidade" (1João 1:9—2:2; Hebreus 12:3-8).[25]

CONCLUSÃO

Conta-se a história de um pastor que pregou um sermão sobre santidade em sua igreja local e desafiou os irmãos daquela comunidade a se consagrarem totalmente ao Senhor. Em seguida, fez um apelo:

— Quem deseja hoje consagrar-se totalmente ao Senhor, venha aqui à frente como um compromisso público de sua entrega a Ele.

---

[25] A. W. Tozer, *Mais perto de Deus*, p. 126.

qāḏôsh

Alguns minutos se passaram, mas ninguém foi à frente. O pastor, então, pediu para que cantassem um cântico e, logo depois, fez o mesmo apelo. Todavia, nenhum irmão ou irmã quis assumir esse compromisso público. Novamente, o pastor sugeriu que entoassem um cântico e repetiu o apelo.

Todas as pessoas permaneceram sentadas e um silêncio constrangedor tomou conta da igreja, até que se ouviu um barulho forte nos fundos do corredor da igreja: "Cabum!". Era um homem aleijado, que não tinha parte de sua perna direita. Ele largara suas muletas e vinha se arrastando pelo tapete vermelho da igreja. Ao chegar à frente da igreja, perguntou ao pastor:

— Será que Deus aceita pela metade?

O pastor, tocado por aquela postura humilde e desejosa de se consagrar totalmente ao Senhor, respondeu?

— Deus se agrada de pessoas pela metade que o servem por inteiro, mas não se agrada de pessoas inteiras que o servem pela metade.

Uma rendição completa àquele que é digno de nossa devoção, obediência, amor supremos. Esse é o chamado do Deus Santo a cada um de seus filhos.

שָׁאוֹל

SHEOL

8

sh^e'ôl

Um antigo ditado latino, presente em relógios solares de várias igrejas barrocas brasileiras, diz: "Toda hora fere, a última mata".[1] Ele nos lembra que o ser humano é incapaz de fugir ou evitar a morte. Uma mensagem semelhante também está presente na entrada da capela de ossos em Évora, Portugal, em que os restos mortais dizem: "Os nossos ossos esperam pelos vossos". A temática da morte é alvo de bastante reflexão em todas as culturas e épocas. Não há sociedade que não reflita a respeito da morte ou expresse reações de medo e temor ou alegria e expectativa perante ela.[2]

A morte e a limitação que ela impõe a esta vida têm sido o foco de reflexão literária e filosófica. O filósofo Sêneca dedicou um livro inteiro para tratar sobre a brevidade da

---

[1] Evaristo E. de Miranda, *Agora e na hora: ritos de passagem à eternidade*, 2. ed. (São Paulo: Loyola, 1999), p. 161.

[2] Robert Martin-Achard, *Da morte à ressurreição segundo o Antigo Testamento* (São Paulo: Academia Cristã, 2015), p. 32ss.

vida;³ ele começa seu ensaio com a seguinte citação de Hipócrates, o pai da medicina:⁴ "A arte é longa, a vida é breve". Sêneca entendia que a maioria das pessoas demora muito tempo para adquirir e aperfeiçoar seu conhecimento ou sua habilidade, mas há pouco tempo para fazê-lo.⁵ O verdadeiro desafio do ser humano não é somente a brevidade do tempo, mas também nossa tendência a desperdiçá-lo.⁶

A preocupação com o sofrimento e a morte dominou a Europa no final da Idade Média, em especial por causa da fome e da peste. A crise agrária no início do século 14 foi tão grave que algumas pessoas recorreram ao canibalismo. Segundo notícias da época, em 1319, os cadáveres de criminosos foram retirados da forca e comidos pelos pobres na Polônia e na Silésia. Além disso, a devastação da peste bubônica, ou peste negra, atingiu seu período de maior gravidade na Inglaterra por volta de 1349 e matou, ao menos, um terço de toda a população europeia.⁷

> A visão da morte se manifestava em sermões e xilogravuras, bem como na pintura e escultura da época. Os túmulos eram frequentemente adornados com imagens de um

---

³ Lucius Sêneca, *Sobre a brevidade da vida* (São Paulo: L&PM, 2006).
⁴ Sêneca, *Sobre a brevidade da vida*, p. 25 (veja nota 14).
⁵ Kevin J. Vanhoozer, *A Trindade, as Escrituras e a função do teólogo* (São Paulo: Vida Nova, 2016), p. 89-90.
⁶ "Não temos exatamente uma vida curta, mas desperdiçamos uma grande parte dela. A vida, se bem empregada, é suficientemente longa e nos foi dada com muita generosidade para a realização de importantes tarefas" (Sêneca, *Sobre a brevidade da vida*, p. 26).
⁷ Timothy George, *Theology of the Reformers*, edição revisada (Nashville, Broadman & Holman, 2013), p. 22.

cadáver nu, sua boca aberta, seus punhos cerrados e suas entranhas devoradas por vermes. Uma das representações pictóricas mais populares foi a Dança da Morte. A morte, na forma de um esqueleto, aparecia como uma figura dançante que levava embora suas vítimas. Ninguém podia escapar de suas garras — nem o rico comerciante, nem o monge corpulento, nem o pobre camponês. Uma ampulheta geralmente ficava em um canto da imagem para lembrar ao espectador que a vida estava passando rapidamente. A certeza da morte também era um tema popular para os pregadores. Um frade franciscano, Ricardo de Paris, certa vez pregou por dez dias consecutivos, sete horas por dia, sobre o tema das Quatro Últimas Coisas: morte, julgamento, céu, inferno. Ele pregou seus sermões, apropriadamente, no Cemitério dos Santos Inocentes, o mais popular de Paris. Não menos dramático foi seu contemporâneo, João de Capistrano, que levou uma caveira ao púlpito e advertiu sua congregação: "Olhem e vejam o que resta de tudo o que uma vez lhes deu prazer ou os levou a pecar. Os vermes comeram tudo".[8]

A reflexão sobre a morte e a brevidade da vida não é uma característica exclusiva da cultura greco-romana ou do período medieval, ela também esteve presente nas culturas do antigo Oriente Próximo: egípcios, mesopotâmicos, arameus, cananeus e israelitas pensaram acerca da morte e do além.

---

[8] Timothy George, *Theology of the Reformers*, p. 22-3.

No antigo Egito, o tema da morte como a partida em que a pessoa deixa para trás tudo o que possui[9] ocorre bastante nas canções dos harpistas:[10] "Veja! Ninguém tem a permissão de levar seus bens consigo. Veja! Não há ninguém que tenha ido e retornado!".[11] Em outro texto egípcio do segundo milênio antes de Cristo, chamado "Debate sobre o suicídio", um homem inicia um diálogo com sua alma e diz que as misérias desta vida tornam o suicídio uma opção atrativa. A alma dele, no entanto, tem uma visão bem pessimista da morte e não considera o suicídio uma solução razoável.[12] O texto não tem seu fim preservado e, por isso, não sabemos qual foi o resultado do diálogo.

Um texto da região de Síria e Canaã narra a história de um herói chamado Aqhat.[13] Nela, encontramos uma cena em que Anat (deusa da guerra e da caça) oferece ao herói o maior de todos os presentes: a imortalidade. No entanto, a resposta do herói é surpreendente: ele rejeita a oferta da deusa, afirmando que, apesar de suas promessas, "a morte o aguardava, assim como o faz com todo o mortal".[14]

---

[9] J. Zandee, *Death as an Enemy: According to Ancient Egyptian conceptions* (Leiden: Brill, 1960), p. 55-6.

[10] Stephan Fischer, "Qohelet and 'Heretic' Harpers' Songs", *Journal for the Study of the Old Testament*, vol. 26, n. 4 (2002), p. 106-8. As canções dos harpistas não representavam a visão religiosa tradicional do antigo Egito.

[11] Miriam Lichtheim, "The Songs of Harpers", *Journal of Near Eastern Studies*, vol. 4, n. 3, 1945, p. 193.

[12] Peter C. Craigie, *Psalms 1—50*, Word Biblical Commentary (Nashville: Thomas Nelson, 1983), p. 329.

[13] Michael D. Coogan; Mark S. Smith, *Stories from Ancient Canaan*, 2. ed. (Louisville: Westminster John Knox, 2012), p. 27-8.

[14] Coogan; Smith, *Stories from Ancient Canaan*, p. 28-9.

Esses exemplos revelam como a questão da morte fazia parte da reflexão do homem e da mulher do antigo Oriente Próximo. Como parte desse contexto cultural, os israelitas também pensaram bastante sobre a morte e seu significado. Para Israel, "o âmbito de morte atingia muito mais profundamente a área dos vivos. Fraqueza, doença, prisão e emergência criada por inimigos já constituíam em si uma espécie de morte".[15]

A IDEIA DE *sheʾôl* NA BÍBLIA

Um dos termos preferidos dos autores bíblicos para falar de morte e da condição dos mortos é a palavra Sheol (*sheʾôl*). Ela aparece 65 vezes ao longo do Antigo Testamento.[16] O sentido básico de Sheol é o "além",[17] a morada dos mortos, geralmente localizado nas profundezas da Terra (Gênesis 37:35; 1Reis 2:6; Salmos 86:13; Provérbios 9:18; Isaías 38:10).[18] Representava uma condição sombria e obscura, sem a plenitude do relacionamento com Deus.[19] Em Ezequiel, o Sheol é retratado como um lugar a ser habitado pelos mortos de todas as classes, poderosos e oprimidos

---

[15] Gerhard von Rad, *Teologia do Antigo Testamento*, 2. ed. (São Paulo: ASTE, 2006), p. 376.

[16] Nicholas J. Tromp, *Primitive Conceptions of Death and the Nether World in the Old Testament*, Biblica et Orientalia 21 (Roma: Pontificio Instituto Biblico, 1969), p. 21. Este autor oferece uma excelente discussão sobre a provável etimologia do termo *sheʾôl* nas p. 21-23 de seu livro.

[17] Tromp, *Primitive Conceptions of Death and the Nether World in the Old Testament*, p. 21.

[18] Nancy Declaissé-Walford; Rolf A. Jacobson; B. Tanner, *Book One of the Psalter*: Psalms 1—41, NICOT (Grand Rapids: Eerdmans, 2014), p. 440.

[19] Craigie, *Psalms 1—50*, p. 93, 95-6.

(Ezequiel 31:15-17; 32:21,27). Todos irão para o Sheol um dia (Salmos 89:48).

Nos textos da Mesopotâmia, todas as pessoas, sem distinção, também iam para o mundo inferior, e ali viviam em trevas e tristeza, comiam barro e sofriam de diversas formas.[20] De modo geral, o Sheol é uma região da qual não se sai, um país sem retorno. "Pois mais alguns anos apenas, e farei a viagem sem retorno", declara Jó (Jó 16:22). As trevas são muitas vezes sinônimas de Sheol: "Acaso são conhecidas as tuas maravilhas na região das trevas, e os teus feitos de justiça, na terra do esquecimento? (Salmos 88:12). Uma das particularidades do Sheol é ser um lugar onde reina um profundo silêncio.[21] O morto não pode invocar e louvar o Senhor.

> Porque não pode louvar-te o *Sheol*,
> Nem a morte glorificar-te;
> Nem esperarão em tua verdade os que descem à cova.
>
> Isaías 38:18

Entretanto, a morte não era vista como a não existência, mas como uma forma bastante frágil de vida.[22] Sabe-se, ao menos, que a ideia de sepultura também está contemplada

---

[20] R. Laird Harris, שְׁאוֹל, in: R. Laird Harris; Gleason L. Archer Jr., Bruce K. Walke, orgs., *Theological Wordbook of the Old Testament* (Chicago: Moody, 1999), p. 892.

[21] Martin-Achard, *Da morte à ressurreição segundo o Antigo Testamento*, p. 57-8.

[22] Robert L. Cate, *Teologia del Antiguo Testamento: raíces para la fe neotestamentaria* (El Paso: Casa Bautista de Publicaciones, 1989), p. 127.

na definição mais ampla do *shᵉʾôl* (Salmos 88:12; Jeremias 38:6ss.; Lamentações 3:55).[23] Jacó, triste pela suposta morte de José, disse que desceria à "sepultura" (*shᵉʾôl*) chorando (Jó 37:35). O texto de Jó 17:13-16 ilustra bem a ideia do *shᵉʾôl* como sepultura, o lugar onde o corpo de alguém é enterrado, simbolizando o fim de sua vida.

> Ora, se o único lar pelo qual espero
> é a *sepultura* (*shᵉʾôl*),
> se estendo a minha cama nas trevas,
> se digo à corrupção mortal:
> Você é o meu pai,
> e se aos vermes digo:
> Vocês são minha mãe e minha irmã,
> onde está então
> minha esperança?
> Quem poderá ver
> alguma esperança para mim?
> Descerá ela às portas do *Sheol*?
> Desceremos juntos ao pó?

Assim como hoje, as pessoas eram sepultadas abaixo da terra, geralmente em buracos feitos em rochas. As tumbas reais de Ur, na Mesopotâmia, chegavam a ter mais de nove metros de altura, o que pode ter originado o conceito de Sheol como oposto a céu (Salmos 139:8; Jó 11:8; Amós 9:2)

---

[23] Martin-Achard, *Da morte à ressurreição segundo o Antigo Testamento*, p. 55.

e a visão do mundo dos mortos como o submundo.²⁴ Em Salmos, o Sheol torna-se o lugar de onde o justo precisa ser liberto, e o ímpio, silenciado (Salmos 16:10; 30:4; 31:17; 55:15). Diferentemente dos cananeus, que acreditavam no deus Môt, os israelitas viam o Sheol como uma triste realidade, mas que não fugia do controle ou da autoridade de Deus (Salmos 139:8).

A REDENÇÃO DA MORTE

O Antigo Testamento, em especial o livro de Salmos, não manifesta uma visão positiva sore a condição posterior à morte.²⁵ Por isso, os fiéis pediam a Deus que os livrasse da morte prematura e violenta: "Volta-te, Senhor, e livra a minha vida; salva-me por tua graça. Pois, *na morte*, não há recordação de ti; *no sepulcro* [*sh^e'ôl*], quem te dará louvor?" (Salmos 6:4,5, Almeida Revista e Atualizada [ARA]). Em Salmos 30:9 (ARA), o autor expressa a mesma falta de esperança depois da morte:

> Se eu morrer, se eu descer à cova,
> que vantagem haverá?
> Acaso o pó te louvará?
> Proclamará a tua fidelidade?

---

²⁴ Harris, שְׁאוֹל, p. 892-3.
²⁵ Chisholm afirma: "Os salmistas tinham uma visão limitada e pouco negativa da vida após a morte. Para eles, a morte era uma intrusa indesejável, porque separava das ações reveladoras de Deus e da comunidade de adoradores" (Robert Chisholm, "Uma teologia dos Salmos", in: Roy B. Zuck; Eugene Merrill, orgs., *Teologia do Antigo Testamento* [Rio de Janeiro: CPAD, 2009], p. 260).

sh^{e}'ôl

Quando o salmista apela para a celebração ("quem te dará louvor?", Salmos 6:5; "te louvará", Salmos 30:9) do Senhor, há aqui um apelo ao interesse dos seres humanos, que deixam de celebrar o livramento do salmista por Deus.[26]

A vida era central na promessa da aliança de Deus; a morte era o oposto dessa promessa (Deuteronômio 30:15-20). O foco da aliança, em sua forma antiga, era esta vida como o palco em que a bênção e a prosperidade de Deus poderiam ser experimentadas; a morte prematura não era simplesmente a morte do corpo, mas também o rompimento do relacionamento pactual com Deus.[27] Uma pessoa que estivesse passando por sofrimentos, como perseguição, doenças, entre outros problemas, já estaria à beira do Sheol (Salmos 88:3) ou até mesmo dentro dele (Jonas 2:3; Salmos 18:4,5; 30:3; Salmos 116:3-6).[28]

O texto do salmo 49 fala sobre o "destino" (lit. "caminho") "dos que confiam em si mesmos" (49:13). Eles são apresentados como um "rebanho" de ovelhas[29] incapazes de definir seu fim ou de ter controle sobre a própria vida. O Sheol funciona como um curral para essas

---

[26] John Goldingay, *Psalms* (Grand Rapids: Baker, 2007), vol. 2: Psalms 42—89, Psalm 49 (edição kindle).

[27] Craigie, *Psalms 1—50*, p. 255.

[28] Robert Alter, "Salmos", in: Robert Alter; Frank Kermode, *Guia Literário da Bíblia* (São Paulo: Unesp, 1997), p. 281.

[29] O verbo no plural indica que o substantivo hebraico modificado aqui é um singular coletivo: "rebanho" (ver L. Koehler; W. Baumgartner; M. E. J. Richardson; J. J. Stamm, *The Hebrew and Aramaic Lexicon of the Old Testament* (Leiden: 1994-2000), p. 993.

ovelhas (49:14),³⁰ onde a Morte os pastoreia. Ela é personificada em 49:14 como um pastor que mantém o rebanho em seu redil, em contraste com o Senhor, que é o pastor dos fiéis em Salmos e cuja pastagem está na terra dos vivos (Salmos 23:1; 28:9; 100:3).³¹ "A imagem da morte como pastor é, evidentemente, uma perversão sarcástica do belo pensamento de que o rei e Deus estão cuidando de seu povo (v. 15 [14]; cf. Salmos 23; Ezequiel 34)".³² "Morrer é como deixar o domínio em que Deus o pastoreia [...] para um domínio em que a Morte o pastoreia".³³

Em Jeremias 9:21, a Morte também é personificada, mas como uma intrusa que entra pelas janelas das casas, carregando as pessoas consigo e eliminando a população de uma cidade.³⁴

As duas últimas linhas de Salmos 49:14 dizem que a "forma"³⁵ dos ricos — isto é, seu corpo físico³⁶ — será para o Sheol consumir, longe de suas belas casas (49:14).³⁷ O fim

---

[30] C. F. Keil; F. Delitzch, *Commentary on the Old Testament* (Peabody: Hendrickson, 1996), vol. 5, p. 352.

[31] Paul R. Raabe, *Psalm Structures: A Study of Psalms with Refrains*, Journal for the Study of the Old Testament Supplements 10 (Sheffield: Sheffield Academic, 1990), p. 74.

[32] Erhard S. Gestenberger, *Psalms: Part I — with an Introduction to Cultic Poetry* (Grand Rapids: Eerdmans, 1988), Psalm 49 (edição kindle).

[33] Goldingay, *Psalms*, vol. 2: Psalms 42—89, Psalm 49 (edição kindle).

[34] Derek Kidner, *Salmos 1—72: introdução e comentário* (São Paulo: Vida Nova, 1980), p. 205.

[35] L. Koehler; W. Baumgartner; M. E. J. Richardson; J. J. Stamm, *The Hebrew and Aramaic Lexicon of the Old Testament*, p. 849.

[36] Keil; Delitzch, *Commentary on the Old Testament*, vol. 5, p. 352.

[37] "Seu destino não são as 'residências grandiosas' para as quais todo o foco de suas vidas foi direcionado, mas seus corpos ('formas', v. 15) estão destinados a serem consumidos no *Sheol*" (Craigie, *Psalms 1—50*, p. 360).

shᵉ'ôl

dos que confiam em si mesmos (49:13) ou nas próprias riquezas (49:6) será distante de suas majestosas mansões.[38]

A seguir, outro pastor surge em cena, totalmente diferente da Morte (49:15). Deus é o pastor dos justos (Salmos 23:1; 28:9). Assim, depois de dizer que homem algum pode redimir a vida de seu irmão (49:7), o salmista declara: "Mas Deus redimirá a minha vida da *sepultura* [*shᵉ'ôl*] e me levará para si" (49:15). A redenção do Sheol era a esperança do salmista. Salmos 34:22 também declara que "O Senhor *redime* a vida dos seus servos". Mas o que esse resgate envolvia? Livrar o fiel de "todas" as suas aflições terrenas (Salmos 34:19) e preservar a integridade física do justo ("preserva todos os seus ossos", v. 20). Para o antigo israelita não há expectativa clara de uma redenção posterior à morte (Salmos 115:17). Ao contrário, aguardava-se o livramento da morte iminente, que o ameaçava por causa da opressão dos ímpios. Enquanto os ímpios experimentariam a morte repentina, os justos provariam do cuidado de Deus e da libertação da morte prematura e violenta planejada por seus inimigos.

No desdobrar da história da salvação, Deus revela novas informações sobre a condição dos seres humanos depois da morte: "Multidões que dormem no pó da terra acordarão: *uns para a vida eterna, outros para a vergonha, para o desprezo eterno*" (Daniel 12:2). Aquilo que parecia incerto aos salmistas torna-se uma certeza nos textos posteriores

---

[38] Herbert Wolf, זָבַל, in: R. Laird Harris; Gleason L. Archer Jr., Bruce K. Walke, orgs., *Theological Wordbook of the Old Testament* (Chicago: Moody, 1999), p. 235.

da Bíblia. Tomamos conhecimento de um plano eterno que Deus tem para os que creem nele: ressuscitá-los no último dia. Mateus 20:28 nos fala do único homem que é capaz de resgatar as pessoas da morte: Jesus Cristo, o Justo, que sofreu a nossa morte para vivermos a vida que Ele nos oferece.

A manifestação suprema do amor de Deus ocorreu quando "Cristo morreu em nosso favor quando ainda éramos pecadores" (Romanos 5:8). Essa morte de cruz foi seguida pela ressurreição, que garante a nossa justificação diante de Deus e o livramento de sua ira futura (Romanos 4:25; 5:9). Em Jesus, a morte não tem a última palavra, ela é apenas a passagem para uma nova vida. Ao visitar a querida família de Lázaro e ser informado de que seu amigo já estava na sepultura havia quatro dias (João 11:17), Jesus responde à sua amiga Marta com uma palavra de esperança que supera a dor dela e aponta para a ressurreição dos que nele confiam: "Eu sou a ressurreição e a vida. *Aquele que crê em mim, ainda que morra, viverá*; e quem vive e crê em mim, não morrerá eternamente" (11:25,26).

Nossa esperança supera a do salmista, porque aguardamos ser redimidos não da morte violenta e prematura, mas da morte eterna. A ressurreição de Cristo desafia e vence o poder da morte e nos dá a esperança de um futuro ao lado de Deus. O apóstolo Paulo percebeu como a expectativa do salmista de ser liberto temporariamente da morte violenta nas mãos de seus inimigos apontava para a libertação definitiva que Jesus experimentou ao ser ressuscitado dos mortos.

Assim ele diz noutra passagem: '*Não permitirás que o teu Santo sofra decomposição*' [Salmos 16:10]. Tendo, pois,

sh^e'ôl

> Davi servido ao propósito de Deus em sua geração, adormeceu, foi sepultado com os seus antepassados e seu corpo se decompôs. Mas *aquele a quem Deus ressuscitou não sofreu decomposição*. Portanto, meus irmãos, quero que saibam que mediante Jesus lhes é proclamado o perdão dos pecados.
>
> Atos 13:35-38

Mais adiante, somos lembrados pelo mesmo Paulo de que a ressurreição de Jesus é uma antecipação de nossa ressurreição. Assim como por meio de Adão todos recebem a penalidade da morte, por meio de Cristo, em sua morte e ressurreição, os que creem no evangelho recebem a ressurreição dos mortos (1Coríntios 15:21,22). Paulo usa a figura das primícias para descrever a ressurreição de Jesus (15:20). As primícias eram os frutos iniciais do ano, garantindo os frutos que viriam na colheita maior, posteriormente. No cerne da ressurreição de Cristo estava a ideia de que Jesus era as primícias daqueles que "adormeceram" (15:23). Paulo fez uma analogia entre a ressurreição de Cristo e o ritual das primícias do Antigo Testamento. As primícias eram as primeiras porções da colheita ofertadas a Deus (Levítico 23:10-17). As primícias indicavam que toda a colheita ainda estava por vir.[39]

Essa esperança da vida com Deus após a morte domina o pensamento do Novo Testamento. Para nós, que temos a

---

[39] Richard L. Pratt Jr, *I & II Corinthians*, Holman New Testament Commentary (Nashville: Broadman & Holman Publishers, 2000), p. 263.

revelação completa das Escrituras e a revelação suprema de Deus, Jesus Cristo, sabemos quem dá a palavra final sobre a nossa vida:

> Onde está, ó morte, a tua vitória?
> Onde está, ó morte, o teu aguilhão?
> O aguilhão da morte é o pecado, e a força do pecado é a lei. Mas graças a Deus, que nos dá a vitória por meio de nosso Senhor Jesus Cristo.
>
> 1Coríntios 15:55-57

John Donne (1571-1631), em seu texto "Divine Meditations" [Meditações religiosas], apresenta a derrota da morte pela ressurreição. A morte não é um fim, ela é apenas um sono passageiro.[40]

> Não te orgulhes, ó morte, embora alguns te chamem
> Poderosa e valente, tu não o és.
> Pois aqueles que pensas que abateste
> Não morrem, pobre morte, tampouco podes me matar;
> Do descanso ao sono, que reflete quem és.
> Muito prazer vem de ti, muito mais deve fluir,
> E logo o melhor de nós contigo irá,
> Descanso dos ossos e entrega da alma.
> Habitas com o veneno, a guerra e a enfermidade,
> Papoulas e encantamentos também nos fazem dormir
> Melhor do que teu golpe.
> Por que então te envaideces?

---

[40] Citado em Alister McGrath, *Uma introdução à espiritualidade cristã* (São Paulo: Vida, 2008), p. 135-6.

she'ôl

> Um rápido descanso, acordamos eternamente,
> E não haverá mais morte. Morte, tu morrerás.

A ressurreição de Jesus nos enche de esperança, pois sabemos que apesar das dificuldades e agruras desta vida, apesar de nossa luta contra o pecado, apesar das dores que experimentamos no corpo, haverá um dia em que tudo isso acabará e desfrutaremos da eternidade ao lado de Cristo e do Pai.

A certeza da ressurreição tira nosso foco dos prazeres terrenos e fúteis que nos trazem destruição eterna e nos afastam de Deus. Quando se aguarda a eternidade, não se olha para essa vida como a oportunidade final para realizar nossos sonhos e ambições, mas sim, como a vida de passagem, na qual devemos nos empenhar para sermos dedicados à obra de Cristo. É essa certeza da ressurreição que nos mantêm firmes e impede que os ventos e terremotos da oposição ou do pecado nos abale.

A ressurreição nos chama a um serviço dedicado à obra de nosso Senhor (1Co 15:58). Engajamo-nos no serviço e na edificação do Corpo de Cristo porque sabemos que trabalhamos para esse Senhor ressurreto que nos recompensará quando também experimentarmos a ressurreição futura.

CONCLUSÃO

Conta-se que, certa vez, um importante teólogo liberal foi convidado a dar uma palestra aberta em uma importante universidade. Ele discursou durante duas horas e meia no intuito de provar que a ressurreição de Jesus era falsa.

Citou estudiosos e livros e concluiu que, como não havia provas históricas da ressurreição, a tradição religiosa da igreja caía por terra, pois se baseava em um relacionamento com um Jesus que, segundo ele, nunca havia ressurgido dos mortos.

Ao concluir sua teoria, o famoso teólogo perguntou à plateia se havia alguma pergunta. Depois de uns trinta segundos, um senhor de cabelos brancos se levantou no fundo do auditório:

— Doutor, eu tenho uma pergunta.

Enquanto isso todos os olhos se voltavam para ele. O senhor colocou a mão na sua sacola, pegou uma maçã e começou a comer.

— Doutor — crunch, crunch —, minha pergunta é muito simples — crunch, crunch. — Eu nunca li tantos livros como o senhor — crunch, crunch —, e também não posso recitar as Escrituras no grego ou hebraico — crunch, crunch. — Mas o que eu gostaria de saber é o seguinte: Essa maçã que eu acabei de comer estava doce ou azeda?

O professor parou por um momento e respondeu com todo o estilo de um estudioso:

— Eu não tenho possibilidades de responder a essa questão, pois não provei a sua maçã.

O senhor de cabelos brancos jogou o que restou da maçã dentro do saco plástico, olhou para o famoso estudioso e disse calmamente:

— O senhor também nunca provou do meu Jesus, como ousa dizer que Ele não ressuscitou?

Nesse momento, mais de mil estudantes que estavam participando do evento não puderam se conter. O auditório se ergueu em aplausos. O doutor agradeceu a plateia e, rapidamente, deixou o palco.

> Se Cristo não ressuscitou, é inútil a nossa pregação, como também é inútil a fé que vocês têm. [...] Mas, de fato Cristo ressuscitou dentre os mortos, sendo ele as primícias dentre aqueles que dormiram. [...] Pois da mesma forma como em Adão todos morrem, em Cristo todos serão vivificados.[41]

Assim, nossa esperança não é o delírio ou a expectativa ingênua de uma criança em uma fantasia ou uma personagem imaginária, mas uma firme certeza de que, assim como Jesus ressuscitou na história, nós também ressuscitaremos no fim dos tempos. Eis a nossa bendita esperança!

---
[41] 1Coríntios 15:14,20,22.

שוב

VOLTAR
ARREPENDER-SE
CONVERTER-SE

9

shû̱b

Quem nunca se arrependeu na vida? Lembro-me de uma situação recente em que fiz a assinatura de um ano de um curso inglês on-line. Estava empolgado para usar os recursos disponíveis nas plataformas e para aprender com as várias aulas particulares que eu teria com professores nativos. À medida que comecei a mexer na plataforma, percebi que não havia nada de especial nos recursos ali, já que eu poderia encontrar o mesmo tipo de material de graça na internet. A situação ficou pior quando as demandas de trabalho aumentaram e eu já não conseguia encontrar tempo para fazer as aulas particulares com os professores nativos. Dois meses se passaram e fiquei extremamente arrependido de ter assinado aquele curso. Falei para minha esposa que eu pretendia fazer o cancelamento, mas meu arrependimento foi maior quando descobri que se eu cancelasse minha assinatura naquele momento, teria de pagar uma multa 70% do restante do valor anual e só teria 30% de volta. Nunca fiquei tão arrependido, e pedi perdão à minha esposa por jogar fora aquele dinheiro precioso em um curso que quase não utilizei.

Há situações em que conseguimos voltar atrás em nosso arrependimento. Recentemente comprei um livro eletrônico pela internet para uma pesquisa que eu estava fazendo. Observando o título e o subtítulo da obra, achei que ela seria perfeita para aquilo que eu estava precisando. No entanto, quando o livro chegou em meu dispositivo, percebi que estava bem longe de ser o que imaginei. Arrependido, logo pedi o reembolso do produto, que foi aceito pela empresa que o havia vendido. Fiquei feliz em conseguir voltar atrás e reverter aquela situação, não gastando dinheiro desnecessário em algo que não me seria útil.

A língua hebraica tem um verbo para descrever a ideia de "voltar atrás", "arrepender-se" ou "converter-se"; é a palavra *shûḇ*. Ela aparece mais de mil vezes na Bíblia[1] e ensina importantes lições sobre o relacionamento de Deus com o seu povo.

O RETORNO E A MUDANÇA DE RUMO

O sentido mais comum de *shûḇ* é o de movimento físico: voltar a algum lugar ou mudar de direção. Em sua aliança com Abraão, Deus lhe disse que seus descendentes viveriam por quatrocentos anos em terra estrangeira como

---

[1] Victor P. Hamilton, "שׁוּב", in: R. Laird Harris; Gleason L. Archer Jr.; Bruce K. Waltke, orgs., *Theological Wordbook of the Old Testament* (Chicago: Moody Press, 1999), p. 909.

shûḇ

escravos (Gênesis 15:13), mas, depois que o Senhor julgasse a nação opressora, "na quarta geração, os seus descendentes *voltarão* para cá" (15:16). Um pouco mais adiante na história, Deus e Abraão saíram para passear e tiveram uma conversa profunda sobre a justiça e o perdão divinos (Gênesis 18:16-32). Ao final dela, "o Senhor partiu, e Abraão *voltou* para casa" (18:33). Nesses dois exemplos — o retorno de Israel a Canaã e o de Abraão para sua casa —, o mesmo verbo *shûḇ* é utilizado com o sentido de "voltar" ou "retornar".

Anos depois, quando finalmente havia recebido o filho tão esperado, Deus o chamou em uma visão e lhe disse: "Tome seu filho, seu único filho, Isaque, a quem você ama, e vá para a região de Moriá. Sacrifique-o ali como holocausto num dos montes que lhe indicarei" (Gênesis 22:1). Abraão partiu, em obediência a Deus, levando consigo Isaque e dois de seus servos. Em uma etapa da viagem, após avistar o monte de longe, decidiu seguir em frente só com o garoto e disse para seus servos: "Fiquem aqui com o jumento enquanto eu e o rapaz vamos até lá. Depois de adorarmos, *voltaremos* [*shûḇ*]" (Gênesis 22:5). Voltaremos? Como assim? Isaque não deveria ser sacrificado? Não deveria Abraão dizer "voltarei"? O verbo *shûḇ* no plural aqui indica a fé e a esperança que estavam no coração de Abraão naquele momento. Como o autor de Hebreus explicará, muitos séculos depois: "Abraão considerou que *Deus era poderoso até para ressuscitar Isaque dentre os mortos, de onde também figuradamente o recebeu de volta*" (Hebreus 11:19, Nova Almeida Atualizada). O "voltaremos" de Abraão em seu diálogo com os servos era uma declaração implícita de sua confiança no poder de Deus para ressuscitar seu querido filho dentre os mortos.

Lembro-me de uma situação em que nossa família estava retornando de uma cidade do interior para nossa casa, na capital do estado de São Paulo. A viagem seria bastante longa e já estávamos há vários quilômetros de distância da casa em que havíamos nos hospedado quando recebemos a ligação de nossos amigos perguntando: "A Fabi está com os óculos de sol dela? Achamos um aqui, e ele não é nosso". Quando minha esposa os procurou no carro, percebeu que realmente os havia esquecido naquela casa. O que fizemos naquele momento? Não tivemos dúvida, fizemos o movimento do *shûḇ*: *voltamos* até o local inicial e recomeçamos nossa viagem.

Contudo, não existe possibilidade de voltar ao local de partida sem antes haver uma conversão ou mudança de direção. Quando os israelitas estavam sendo perseguidos por faraó durante o Êxodo, Deus ordenou a Moisés que os israelitas mudassem de rumo, a fim de confundir a mente do inimigo: "Diga aos israelitas que *mudem o rumo* [*shûḇ*] e acampem perto de Pi-Hairote" (Êxodo 14:2). Esse movimento de conversão também aparece na batalha de Israel contra a cidade de Ai. Os israelitas haviam montado uma emboscada contra o exército de Ai. O grupo liderado por Josué atraiu a atenção dos soldados inimigos, que saíram em perseguição, enquanto o outro grupo de Israel estava escondido atrás da cidade. Depois de um tempo fugindo dos soldados de Ai, Josué fez um sinal e o batalhão de israelitas escondidos entrou na cidade e começou a incendiá-la. Quando os soldados de Israel, que supostamente estavam fugindo, viram que a outra parte do exército havia tomado o território inimigo, "*deram meia-volta* [*shûḇ*] e atacaram os homens de Ai" (Josué 8:21). Eles mudaram de direção: em vez de correr do inimigo, *voltaram-se* para ele e o atacaram.

Essa ideia de conversão ou mudança de direção passou a ser aplicada na Bíblia ao relacionamento espiritual entre Deus e Israel. "Os indivíduos e a nação de Israel são conclamados ao 'afastamento' do mal ou de outros deuses e ao 'retorno' a Deus".[2] Quando saía do caminho do Senhor para tomar atalhos em direção a outros deuses ou a um modo de vida contrário à vontade revelada de Deus, Israel precisava *dar meia-volta* e *retornar* às "veredas antigas" (Jeremias 6:16, Almeida Revista e Atualizada [ARA]).

DAR AS COSTAS PARA DEUS OU VOLTAR-SE PARA ELE?

Victor P. Hamilton observa que a "Bíblia é rica em expressões idiomáticas que descrevem a responsabilidade do homem no processo de arrependimento". Exemplos delas são: "inclinai o coração ao Senhor, Deus de Israel" (Josué 24:23, ARA); "Circuncidai-vos para o Senhor, circuncidai o vosso coração" (Jeremias 4:4, ARA); "lave o mal do seu coração" (Jeremias 4:14); "semeiem a justiça" (Oseias 10:12). Contudo, todas essas expressões para o arrependimento humano podem ser agrupadas e resumidas no verbo *shûḇ*, pois "[...] melhor do que qualquer

---

[2] David F. Wells, *Volte-se para Deus: a conversão cristã como única, necessária e sobrenatural* (São Paulo: Shedd, 2016), p. 34.

outro verbo, combina em si os dois requisitos do arrependimento: afastar-se do mal e voltar-se para o bem".³

O livro de Deuteronômio introduz essa linguagem teológica do retorno a Deus com o verbo *shûḇ*, que aparece no início e no fim do livro como uma espécie de moldura. No capítulo 4, Moisés prevê um momento em que Israel se corromperia e se afastaria do Senhor, adorando falsos deuses (4:25). Por isso, Deus disciplinaria seu povo, enviando-o para o cativeiro (4:26,27). Ali, em terra estrangeira, Israel se converteria ao Senhor e retornaria a seu compromisso com Deus: "Quando vocês estiverem sofrendo e todas essas coisas tiverem acontecido com vocês, então, em dias futuros, vocês *voltarão* [*shûḇ*] para o Senhor, o seu Deus, e lhe obedecerão" (Deuteronômio 4:30). O uso de *voltarão* aqui com o verbo "obedecer" transmite a ideia de abandono da idolatria e de outros pecados que provocaram a dispersão e uma entrega total às reivindicações de soberania do Deus contra quem Israel se rebelara. Observe a ausência de qualquer condicionante. A questão não é *se* Israel retornará e obedecerá, mas *quando* isso ocorrerá. O próprio Deus atuará no coração de seu povo, capacitando-o a voltar-se para o Senhor (Levítico 26:40-45; Jeremias 31:27-34; Ezequiel 36:22-31).⁴

Ao final do livro, a expectativa de exílio futuro por causa da desobediência leva Moisés a predizer, mais uma vez, o retorno do coração do povo a Deus:

---

³ Victor P. Hamilton, "שׁוּב", p. 909.
⁴ Eugene H. Merrill, *Deuteronomy*, The New American Commentary (Nashville: Broadman & Holman, 1994), p. 4.

shûḇ

> e quando vocês e os seus filhos *voltarem* para o Senhor, o seu Deus, e lhe obedecerem de todo o coração e de toda a alma, de acordo com tudo o que hoje lhes ordeno, então o Senhor, o seu Deus, lhes *trará restauração*, terá compaixão de vocês e os reunirá *novamente* de todas as nações por onde os tiver espalhado.
>
> Deuteronômio 30:2,3

A disciplina máxima que Deus aplicaria a Israel ao enviá-los para o exílio tinha o propósito de trazer seu povo de volta para si em um compromisso total com o Senhor ("de todo o coração e de toda a alma"). Quando um rapaz está apaixonado e verdadeiramente comprometido com uma moça, uma das formas de transmitir isso à sua amada é dizer: "Meu coração é todo seu!". O que ele está comunicando de forma prática é: "Meus olhos e minhas afeições estão concentrados em você e mais ninguém". A conversão (*shûḇ*) de Israel para o Senhor envolveria esse compromisso fiel que não dividiria o coração com nenhum outro falso deus ou senhor.

Assim como no início de Deuteronômio, o capítulo 30 serve como uma máscara de oxigênio que renova a esperança. Deus não será derrotado pela resposta inicial de Israel nem aprisionado pelo passado. Acima do fracasso passado, presente e até futuro da nação, está a fidelidade à aliança e o propósito do Senhor.[5] A confiança de Israel está na palavra do próprio Deus: "quando vocês e os seus filhos *voltarem* [*shûḇ*] para o Senhor, o seu Deus, e lhe

---

[5] Christopher J. H. Wright, *Deuteronomy*, Understanding the Bible Commentary Series (Grand Rapids: Baker, 2012), p. 289.

obedecerem de todo o coração e de toda a alma, [...] então o SENHOR, o seu Deus, lhes *trará [shûḇ] restauração*" (30:2). Não importa quão severo o julgamento ou quão distante o exílio, Deus restaurará seu povo. Toda a esperança está em Deus, que é o sujeito da maioria dos verbos nesses versículos. Porém essa esperança na graça e no poder de Deus está integralmente ligada à necessidade de Israel *se voltar* e obedecer.⁶ A *restauração* de Israel será acompanhada de seu *retorno* ao Senhor.

Infelizmente, a história da nação está repleta de momentos em que Israel se afastou do Senhor e foi chamada a *voltar* para Ele. Por meio de seus profetas, Deus chamou os desviados a retornarem a Ele. "*Desviem-se [shûḇ]* de seus maus caminhos. Obedeçam às minhas ordenanças e aos meus decretos" (2Reis 17:13). Em tempos de reavivamento, reis proclamavam: "*voltem* para o SENHOR, o Deus de Abraão, de Isaque e de Israel, para que ele se *volte* para vocês que restaram e escaparam das mãos dos reis da Assíria" (2Crônicas 30:6).⁷

Ao viver uma vida de pecado e rebeldia, Israel estava *dando as costas* para o Senhor, por isso, precisava urgentemente *virar-se* para Ele, mais uma vez. A desobediência da nação se assemelhava muito a uma criança malcriada que, depois de receber uma ordem da mãe, vira as costas, cruza os braços, faz beicinho e grita: "Eu não vou obedecer!".

E quais eram esses pecados que afastaram Israel de Deus? Uma das acusações de Jeremias aos israelitas ricos

---

⁶ Christopher J. H. Wright, *Deuteronomy*, Understand the Bible Commentary Series (Grand Rapids: Baker, 2012), p. 289.

⁷ J. A. Thompson; Elmer A. Martens, "שוב", p. 57.

shûḇ

de sua época era a de que eles escravizavam seus compatriotas e os oprimindo, mesmo depois de terem se *arrependido* (*shûḇ*, em 34:13-15) e se comprometido em seguir a aliança, libertando seus irmãos (veja Deuteronômio 15). "Mas, agora, vocês *voltaram atrás* [*shûḇ*] e profanaram o meu nome [...]. Vocês *voltaram* [*shûḇ*] a escravizá-los" (34:16).

Esse mesmo problema de injustiça e desprezo pelo próximo foi identificado por Amós, antes de Jeremias: "[...] oprimem os pobres e esmagam os necessitados e dizem aos senhores deles: 'Tragam bebidas e vamos beber'" (Amós 4:1). De forma justa e firme, Deus faz que a situação desses opressores fique difícil, a fim de que se voltem para o Senhor. Deus traz a fome e a falta de alimentos (4:6), retém a chuva três meses antes da colheita (4:7), e a seca gera a falta de água para beber (4:8), o Senhor envia pragas e destrói cidades (4.10), mas nada disso leva o coração dos israelitas a voltar-se para Deus, uma queixa que aparece cinco vezes no mesmo trecho: "e mesmo assim vocês não *se voltaram* para mim" (4.6,8-11). A declaração divina parece a de um amante que lamenta o abandono e desprezo do ser amado, o qual dá às costas para a vida e o amor verdadeiros.

Deus usou o sofrimento e a dor para chamar os pecadores da época de Amós *de volta para* si de um modo que se encaixa bem na descrição de C. S. Lewis:

> E a dor não é apenas um mal imediatamente reconhecível, mas um mal impossível de ignorar. Podemos descansar contentes em nossos pecados e em nossa estupidez;

e quem quer que tenha visto glutões comendo os mais deliciosos alimentos como se não soubessem o que estavam comendo, admitirá que podemos ignorar até o prazer. Mas a dor insiste em estar presente. Deus nos sussurra em nossos prazeres, fala em nossa consciência, mas grita em nossas dores: esse é seu megafone para despertar um mundo surdo.[8]

Talvez a situação da nação de Israel reflita a nossa condição, hoje. Falta de preocupação com os outros e uma preocupação excessiva conosco mesmos. Muitas pessoas se dizem cristãs, mas vivem o seu dia a dia centradas em si, muitas vezes querendo levar vantagem sobre outros, sendo desonestos em seus negócios, desprezando o próximo no trânsito ou até mesmo dentro de casa, desrespeitando seus liderados no trabalho. Precisamos tomar cuidado para não focalizar apenas o que precisamos fazer, estudar, trabalhar e, consequentemente, deixarmos de dar atenção às pessoas que nos rodeiam em nossa família, em nossa comunidade cristã ou até mesmo àquelas que pouco conhecemos, mas precisam de nossa ajuda. Como você trata aqueles que são diferentes de você: com amor, compaixão, desejo de conhecer melhor a pessoa e servi-la? Ou você é indiferente a ela e não faz o mínimo esforço para demonstrar o evangelho que transforma e torna possível esse tipo de relacionamento?

---

[8] C. S. Lewis, *O problema da dor* (Rio de Janeiro: Thomas Nelson, 2021), capítulo 6 (edição kindle).

shûḇ

A Bíblia também fala sobre a disciplina como um meio usado por Deus na vida de seus filhos, a fim de corrigi-los de seus maus caminhos ou de aperfeiçoá-los em seu caráter, conformando-os à santidade do Criador. Deus, muitas vezes, nos corrige a fim de nos trazer de volta para o caminho de santidade (Hebreus 12:5-10; Lamentações 3:37-40), como também nos prova, consciente de que as aflições do presente nos tornarão pessoas mais maduras e confiantes nele (Tiago 1:2-8).

Quando somos chamados a nos voltarmos para Deus e respondemos positivamente a esse apelo, qual é a reação do Senhor para conosco? Quem se arrepende, mesmo na décima primeira hora, voltando-se para Deus, encontra um Deus de misericórdia e amor, disposto a restaurar o relacionamento rompido e acolher o pecador (Jeremias 18:8; 26:3,13,19; Jonas 3:8-10).[9] Um dos apelos mais eloquentes para o arrependimento vem de Oseias 6:1-3:

> Venham, *voltemos* [*shûḇ*] para o Senhor.
> Ele nos despedaçou, mas nos trará cura;
>   ele nos feriu, mas sarará nossas feridas.
> Depois de dois dias ele nos dará vida novamente;
>   ao terceiro dia nos restaurará,
>   para que vivamos em sua presença.
> Conheçamos o Senhor;
>   esforcemo-nos por conhecê-lo.

---

[9] J. D. G. Dunn, "Repentance", in: D. R. W. Wood; I. H. Marshall; A. R. Millard; J. I. Packer; D. J. Wiseman, orgs, *New Bible Dictionary* (Leicester/Downers Grove: InterVarsity Press, 1996) p. 1007.

> Tão certo como nasce o sol, ele aparecerá;
> virá para nós como as chuvas de inverno,
> como as chuvas de primavera que regam a terra.

A constância da misericórdia de Deus é mais comovente que a irracionalidade e cegueira de nossos pecados. Essa passagem de Oseias nos lembra de que a misericórdia do Senhor nunca é sobrepujada pelo pecado do homem e que o penitente sempre encontrará um Deus de braços estendidos a recebê-lo.[10] Quando nos *voltamos* para o Senhor, Ele nos cura, dá vida, restaura e nos permite desfrutar novamente sua presença! Como o sol que aquece o dia, Deus trará o calor de seu amor ao coração do pecador arrependido. Como a chuva que rega a terra árida, o Senhor trará vida novamente àqueles que estavam ressequidos por causa do pecado.

O que você está esperando para correr para os braços desse Deus maravilhoso revelado nas Escrituras? Será que você reconhece a necessidade de voltar-se para Ele? Ou duvida de que uma conversão ou mudança seja necessária em sua vida?

PRECISAMOS DE CONVERSÃO?

Há pessoas que não veem a necessidade de mudança na vida delas e, quando alguém lhes diz que necessitam mudar, consideram essa pessoa orgulhosa e intrometida.

---

[10] Carlos Osvaldo C. Pinto, *A estrutura literária do Antigo Testamento*, 3. ed., (São Paulo: Hagnos, 2021), p. 692.

shûb

Sofrem da "Síndrome de Gabriela", repetindo o famoso refrão da música de Gal Costa:

> Eu nasci assim, eu cresci assim.
> E sou mesmo assim.
> Vou ser sempre assim, Gabriela.
> Sempre Gabriela.[11]

A história humana, contudo, comprova o desejo e a necessidade de mudança na vida de seres humanos. Mudamos de casas, pintamos as paredes, compramos roupas, mudamos de emprego e até mesmo de estado civil. Conforme observamos nos vários textos que utilizam o verbo *shûb*, o Antigo Testamento reiteradamente chama o povo de Deus a "mudar de direção" ou "voltar-se" para Deus. Até mesmo os assírios de Nínive, parte de uma nação cruel e opressora de outros povos, receberam a oportunidade de se arrependerem e o fizeram:[12] "Cubram-se de pano de saco, homens e animais. E todos clamem a Deus com todas as suas forças. *Deixem* [*shûb*] os maus caminhos e a violência. Talvez Deus [...] *abandone* [*shûb*] a sua ira, e não sejamos destruídos" (Jonas 3:8,9). Qual foi a resposta de Deus à conversão dos ninivitas? "Tendo em vista o que eles fizeram e como *abandonaram* [*shûb*] os seus maus caminhos, Deus [...] não os destruiu como tinha ameaçado" (3:10).

---

[11] Gal Costa, "Modinha para Gabriela", in: *Meu nome é Gal* (Edições Musicais Tapajós, 1998).
[12] David F. Wells, *Volte-se para Deus*, p. 35.

Esse também é o testemunho do Novo Testamento. O testemunho apostólico aponta para nossa necessidade urgente de mudança, uma vez que nossa natureza decaída nos leva a abandonar Deus e sua verdade por ídolos e pela mentira (Romanos 1:18-23,25) e, consequentemente, os homens evitam a luz de Cristo porque não querem que seus atos sejam confrontados com a verdade nem que eles próprios sejam chamados à mudança (João 3:19,20).

O mundo ao nosso redor não crê na possibilidade de mudanças fundamentais no ser humano. O máximo que você pode fazer é curar feridas interiores, traumas, ajustar sua personalidade, mas isso com muita terapia, sem a previsão de uma mudança radical. Em contraste, a Bíblia apresenta não somente a necessidade de mudança profunda, mas também a possibilidade de ela ocorrer: "Porque a graça de Deus se manifestou salvadora a todos os homens. Ela nos ensina *a renunciar* à impiedade e às paixões mundanas *e a viver* de maneira sensata, justa e piedosa nesta era presente" (Tito 2:11,12). A mudança bíblica é definida como nada menos que uma ressurreição: da morte, em escravidão ao pecado, para uma nova vida de relacionamento com Deus.

> Ora, se já morremos com Cristo, cremos que também com ele viveremos, sabedores de que, havendo Cristo ressuscitado dentre os mortos, já não morre; a morte já não tem domínio sobre ele. Pois, quanto a ter morrido, de uma vez para sempre morreu para o pecado; mas, quanto a viver, vive para Deus. Assim, também, [...] *considerai-vos mortos para o pecado, mas vivos para Deus, em Cristo Jesus.*
>
> Romanos 6:8-11, Almeida Revista e Atualizada

shûḇ

O problema do ser humano caído é tão profundo, que Cristo não foi enviado "para endireitar pessoas machucadas, ou acordar quem estava dormindo, ou para alertar desavisados, ou para inspirar entediados, ou para tirar preguiçosos do lugar, ou para educar ignorantes. Ele veio para ressuscitar os mortos".[13] Sem Jesus, nossa situação não é a de uma pessoa saudável que às vezes fica gripada, mas de alguém que está enfermo da cabeça aos pés, nada em seu corpo funciona. Ela está morta. Somente a ressurreição espiritual realizada por Deus, por meio de Cristo, é capaz de gerar conversão e vida verdadeiras:

> Vocês estavam mortos em suas transgressões e pecados, nos quais costumavam viver, quando seguiam a presente ordem deste mundo e o príncipe do poder do ar, o espírito que agora está atuando nos que vivem na desobediência [...]. Todavia, Deus, que é rico em misericórdia, [...] deu-nos vida com Cristo, quando ainda estávamos mortos em transgressões — pela graça vocês são salvos. Deus nos ressuscitou com Cristo [...].
>
> Efésios 2:1,2,4-6

A conversão é, antes de tudo, uma obra divina, ainda que requeira uma resposta humana à ação de Deus e à sua Palavra. Provavelmente, este seja o maior problema das igrejas atuais, elas tentam converter as pessoas com seu discurso belo e simpatia persuasiva, a ponto de crescerem

---

[13] Dane Ortlund, *Manso e humilde: o coração de Cristo para quem peca e para quem sofre* (Rio de Janeiro: Thomas Nelson Brasil, 2020), p. 177.

em número de frequentadores, mas não de verdadeiros crentes. O texto de 1Coríntios 2:12,14 afirma que apenas pela ação sobrenatural do Espírito de Deus podemos compreender a verdade do evangelho de Deus: "Ora, nós não temos recebido o espírito do mundo, e sim *o Espírito que vem de Deus, para que conheçamos o que por Deus nos foi dado gratuitamente*. [...] Ora, *o homem natural não aceita as coisas do Espírito de Deus, porque lhe são loucura; e não pode entendê-las, porque elas se discernem espiritualmente*" (ARA; grifo meu).

Conta-se que, certa vez, enquanto C.H. Spurgeon andava pela rua, um bêbado lhe perguntou em voz alta:

— Ei, sr. Spurgeon, lembra-se de mim?".

Spurgeon lhe respondeu:

— Não. Por que deveria me lembrar?

— Porque eu sou um de seus convertidos — o homem lhe disse.

Então, Spurgeon replicou:

— Bem, você tem razão, deve ser um dos meus convertidos, mas certamente não é um dos convertidos do Senhor.[14]

A conversão passa por uma mudança de vida espiritual real, como expressou John Newton: "Não sou o que devo ser. Não sou o que desejo ser. Não sou o que espero ser. Mas posso dizer com sinceridade: já não sou mais o que eu era. Pela graça de Deus, sou o que sou".[15] O Novo Testamento apresenta testemunhos fortes de conversão, como o dos

---

[14] História citada por Mark Dever, *Nove marcas de uma igreja saudável* (São José dos Campos: Fiel, 2007), p. 112.

[15] Citado em ibidem, p. 111.

shûḇ

tessalonicenses: "pois eles mesmos relatam de que maneira vocês nos receberam, e como *se voltaram*[16] para Deus, deixando os ídolos a fim de servir ao Deus vivo e verdadeiro".

O que essa *mudança de rumo* envolve? Nada mais e nada menos que *arrependimento* dos pecados e *fé* exclusiva em Cristo. Como Pedro anunciou à multidão que o escutava: "*Arrependam-se*, pois, e *voltem-se*[17] para Deus, para que os seus pecados sejam cancelados" (Atos 3:19). Essa também foi a mensagem de Paulo quando esteve na cidade de Éfeso: "Testifiquei, tanto a judeus como a gregos, que eles precisam converter-se a Deus com *arrependimento* e *fé* em nosso Senhor Jesus" (Atos 20:21).

A conversão verdadeira jamais poderá ser autojustificação diante de Deus, tentando melhorar nossa vida em alguns aspectos, a fim de ganharmos o favor dele. Ao contrário, ela começa com um reconhecimento e abandono de nossos pecados e ídolos e se consuma em uma confiança de que somente em Jesus podemos ter vida com Deus. Nada do que façamos será o suficiente para nos salvar diante de Deus ou realizar a mudança de que precisamos. Somente o poder do Deus que ressuscita os mortos é capaz de nos salvar por meio da fé na morte e ressurreição de Jesus (Romanos 4:25)!

Alguns anos atrás, em uma igreja na Inglaterra, um pastor notou um ex-assaltante ajoelhando-se para receber a

---

[16] O apóstolo usa aqui o verbo *epistrephō*, que é o termo grego usado no Novo Testamento equivalente ao *shûḇ* do hebraico (veja David F. Wells, *Volte-se para Deus*, p. 36).

[17] Mais uma vez, o verbo usado aqui é *epistrephō*.

ceia do Senhor ao lado de um juiz da Suprema Corte da Inglaterra. O juiz era o mesmo que anteriormente havia condenado o assaltante a sete anos na prisão.

Após o culto, enquanto o juiz e o pastor caminhavam juntos, o juiz perguntou:

— Você viu quem estava ajoelhado ao meu lado durante a ceia?

— Sim! — respondeu o pastor — Mas eu não sabia que você havia notado.

Os dois homens caminharam em silêncio por alguns momentos. Então, o juiz disse:

— Que milagre da graça!

O pastor concordou:

— Sim, que milagre maravilhoso da graça.

O juiz perguntou:

— Mas você se refere a quem?

O pastor respondeu:

— À conversão do assaltante, é claro.

O juiz falou:

— Mas eu não estava pensando nele. Estava pensando em mim.

— Como assim? — indagou o pastor.

O juiz respondeu:

— O assaltante sabia o quanto ele precisava de Cristo para salvá-lo dos seus pecados. Mas olhe para mim. Eu fui ensinado desde a infância a ser um cavalheiro, a cumprir a minha palavra, fazer minhas orações, ir à igreja. Eu passei por Oxford, recebi meu diploma, fui advogado e finalmente tornei-me juiz. Pastor, nada, a não ser a graça de Deus, podia ter me levado a admitir que eu era um pecador igual àquele assaltante. Foi necessária muito mais graça para me perdoar do meu orgulho, da minha autoconfiança, para me levar a reconhecer que não sou melhor aos olhos de Deus do que aquele assaltante que eu mandei à prisão.

CONCLUSÃO

Sem dúvida, todos nós precisamos de conversão. E mesmo aqueles que já deram as costas para seus pecados e se voltaram para Deus, confiando em Cristo como Salvador, precisam constantemente arrepender-se e depender da graça de Deus para viver uma vida significativa de comunhão com o Criador. Uma música de Cláudio Sant'Ana, intitulada *De volta para Ti*, lembra-nos da importância de um coração sempre quebrantado e arrependido diante de Deus:

> Eu não tenho sido fiel por inteiro
> A Ti, ó Deus imutável!
> Os meus valores tão distorcidos
> Me impedem de te conhecer melhor.
>
> Eu falo o Teu nome, ó Senhor!
> Sem a reverência, devido temor.
> Estou tão distante de ser
> O que esperas de mim.
>
> Quando Tu queres guiar meu viver,
> Eu escolho um caminho mais fácil.
> Eu deixo de orar e buscar tua face
> Em troca da tua própria obra.

> Até a minha oração
> É imperfeita na motivação.
> Estou tão distante de ser
> O que esperas de mim
>
> Mas eu quero dedicar-Te
> Minha eterna lealdade.
> Com mãos limpas e um coração puro,
> Humilhado perante os Teus pés.
> O que eu mais quero é levar o meu coração
> De volta para Ti!

Esse é o chamado que Deus nos faz: levar nosso coração *de volta* para Ele. Não importa o quão distantes estamos do Senhor, a graça de Deus é sempre maior e capaz de nos trazer de volta para desfrutar de comunhão e vida com Ele. Certo autor escreveu sobre um anúncio que viu numa van de um encanador na África do Sul: "Não há lugar tão profundo, tão escuro ou tão sujo para o nosso trabalho". Isto é uma maravilhosa exposição da graça de Deus: ela operou em meio à nossa escuridão passada e nos deu vida, trabalha em nosso presente, limpando a nossa vida e nos tornando mais parecidos com Cristo e é tão profunda a ponto de garantir o nosso destino eterno ao lado de Deus.

שָׁלוֹם

PAZ

10

shālôm

SE VOCÊ FIZESSE HOJE UMA VIAGEM do Brasil a Israel, certamente uma das palavras que mais escutaria ao chegar a seu destino seria: *"Shālôm!"*. Essa é uma saudação comum e tradicional que os judeus usam até hoje quando chegam à casa de amigos, encontram os colegas de trabalho ou da escola, aproximam-se de um caixa do mercado, despedem-se de seus queridos em casa ou na saída de um taxi. Sempre que quiser saudar um judeu em um passeio por Israel, pode sorrir tranquilamente e dizer: *"Shālôm!"*.

Um vídeo com mais de vinte milhões de visualizações no Youtube, que minhas filhas sempre pedem para assistir ao final das aulas de hebraico, apresenta o grupo da Academia de Música e Dança de Jerusalém em uma bela apresentação no Aeroporto Internacional Ben Gurion. À medida que vários grupos de estudantes judeus chegam de todas as partes do mundo, os músicos e as dançarinas saúdam a todos com o refrão: *"Hevenu Shalom Alehem!"* ("Trazemos a paz a vocês!").¹ O hábito de saudar outras pessoas com "*shālôm*" ou "paz" é tão antigo em Israel quanto a época dos Juízes. No capítulo 18, os homens da tribo da Dã saúdam um levita dizendo: "Paz!" (Juízes 18:15).² Essa saudação se repete várias vezes, até que encontramos aquele que é o "Príncipe da *paz*" saudando seus discípulos depois de ressurreição: "*Paz* seja com vocês!" (João 20:21).

Será que *shālôm* não passa de um mero cumprimento como "Olá!"? Ou teria essa palavra um sentido mais profundo relacionado ao plano de Deus para os seres humanos e à criação como um todo?

Shālôm COMO PLENITUDE DE VIDA

A palavra *shālôm* vem de uma raiz no hebraico cujo sentido básico é "ser completo, ser inteiro, sem defeito".³ O autor do livro de Reis, por exemplo, usa o verbo dessa raiz para indicar que, depois de um longo processo de construção, "Salomão *concluiu* o templo" de Jerusalém (1Reis 9:25). O templo estava concluído, perfeito, não havia nada faltando no processo de construção.

Os antigos israelitas viam duas possibilidades para o mundo em que viviam: a ordem ou o caos. Na criação, Deus

---

[1] JAMD & High School Orchestra, *Hevenu Shalom Alehem!* Disponível em: https://www.youtube.com/watch?v=mZ_nbinWkvE. Acesso em: 1 de julho de 2022.

[2] Philip J. Nel, "שׁלם", in: Willem A. VanGemeren, org., *Novo dicionário internacional de teologia e exegese do Antigo Testamento* (São Paulo: Cultura Cristã, 2011), vol. 4, p. 132.

[3] David Gillett, "Shalom: Content for a Slogan", *Themelios*, vol. 1, n. 3 (1976), p. 82.

trouxe ordem e preencheu uma terra que "era sem forma e vazia" (Gênesis 1:2). É interessante observar como nos três primeiros dias Deus dá forma ao mundo "sem forma": separa a luz das trevas (1:3-5), divide as águas acima do firmamento das que estavam debaixo dele (1:6-8) e, por fim, faz separação entre a terra seca e as águas (1:9-13). Nos últimos três dias, Ele preenche o mundo que era "vazio": preenche o céu com luminares (1:14-19), o firmamento e as águas abaixo do firmamento com aves e seres marinhos (1:20-23), e a terra seca com animais e seres humanos (1:24-28).[4] A natureza dessa ordem era harmonia e plenitude, o verdadeiro *shālôm*. Deus colocou o caos sob controle e, ao fazê-lo, deu-nos o dom da vida plena.[5] Assim, podemos dizer que *shālôm* significa o total funcionamento e florescimento de toda a ordem criada de acordo com o propósito de Deus para ela.[6]

Portanto, a "paz" na Bíblia Hebraica diz respeito, antes de tudo, a uma condição de harmonia entre Deus, os seres humanos e o restante da criação que traz pleno desfrute de saúde, prosperidade e bem-estar.[7] Quando encontramos um amigo ou uma amiga que não vemos há muito tempo,

---

[4] Bruce K. Waltke, *Teologia do Antigo Testamento: uma nova abordagem exegética, canônica e temática* (São Paulo: Vida Nova, 1015), p. 208-209.
[5] Bruce C. Birch, "Old Testament Foundations for Peacemaking in the Nuclear Era", *The Christian Century*, vol. 102, n. 38 (December 2004), p. 1115.
[6] Mark DeVine, *Shalom Yesterday, Today, and Forever: Embracing all Three Dimensions of Creation and Redemption Account* (Eugene: Wipf & Stock, 2019), p. 1.
[7] Richard D. Weis, "The Hebrew Bible has a Word for 'Welfare'", *Church and Society* (March-April 1998), p. 142.

costumamos dizer: "Que saudade! Como você está? Está tudo *bem com você?*". Por trás dessa pergunta, queremos saber se aquela pessoa querida está desfrutando de *shālôm* em sua vida. Em Gênesis 43:27,28 temos um diálogo entre José e seus irmãos que ilustra essa ideia: "Ele lhes perguntou pelo seu *bem-estar* [*shālôm*] e disse: Vosso pai, o ancião de quem me falastes, vai *bem* [*shālôm*]? Ainda vive? Responderam: Vai *bem* [*shālôm*] o teu servo, nosso pai vive ainda..." (Almeida Revista e Atualizada [ARA]).

O *shālôm* afetava até mesmo o corpo das pessoas. O salmista, em sua aflição, lamentou a falta de bem-estar ou harmonia em seu físico: "Por causa de tua ira todo o meu corpo está doente; não há *saúde* [*shālôm*] nos meus ossos por causa do meu pecado" (Salmos 38:3). Quando estamos em "paz" (*shālôm*) conosco mesmos e descansamos no cuidado de Deus em nossa vida, podemos dizer como o salmista: "Em *paz* [*shālôm*] me deito e logo adormeço, pois só tu, Senhor, me fazes viver em segurança" (Salmos 4:8).

O desfrute dessa "paz" envolvia um relacionamento harmônico com o próximo, algo tão valorizado em um mundo instável, em que conflitos poderiam trazer desordem, fome e até mesmo morte. Daí, o *shālôm* implicar o objetivo final de uma guerra. Nos dias de batalha em Israel, *shālôm* significava vitória militar, o alvo positivo de Deus para o conflito.

Após serem atacados pelos reis do sul de Canaã, Josué e os israelitas reagiram lutando contra várias cidades-estados e o resultado de sua vitória foi o *shālôm*: "Assim Josué e os israelitas os derrotaram por completo [...]. O exército inteiro voltou então em *segurança* [*shālôm*]

shālôm

a Josué, ao acampamento de Maquedá, e depois disso, ninguém mais ousou abrir a boca para provocar os israelitas" (Josué 10:20,21). As palavras de Gideão aos homens de Penuel enquanto lutava para libertar Israel da opressão midianita estão muito longe da ideia quiescente que temos da paz: "Quando eu voltar *em paz*, derribarei esta torre" (Juízes 8:9, Almeida Revista e Atualizada [ARA]). A Nova Versão Internacional interpreta esse *shālôm* como o trinfo de guerra e o traduz por: "Quando eu voltar *triunfante*". [8]

Todo ser humano deseja desfrutar plena paz, desde os pais que exclamam em meio a um conflito na mesa: "Crianças, vamos ter um pouco de paz agora!", até as famílias de refugiados de guerra que desejam o fim do conflito e a restauração de seu país. Esse anseio por paz levou à imagem escatológica de um fim pleno das batalhas, em um mundo onde não há mais guerras e cada um pode desfrutar as dádivas de uma vida sem conflito. Essa cena de um cosmo restaurado em plena harmonia habitou o imaginário dos profetas de Israel, como vemos nesse trecho de Isaías 2:2-4:

> Nos últimos dias [...]. Virão muitos povos e dirão: "Venham, subamos ao monte do Senhor, ao templo do Deus de Jacó, para que ele nos ensine os seus caminhos, e assim andemos em suas veredas". Pois, a lei sairá de Sião, de Jerusalém virá a palavra do Senhor. Ele julgará entre as nações e resolverá contendas de muitos povos. Eles farão de *suas espadas arados, e de suas lanças foices. Uma nação não mais pegará*

---

[8] Gillett, "Shalom: Content for a Slogan", p. 82.

em armas para atacar outra nação, elas jamais tornarão a preparar-se para a guerra.

Contudo, um elemento fundamental para o desfrute do verdadeiro *shālôm* ainda faltava no mundo de Israel e dos povos vizinhos. Qual era esse elemento? A justiça.

A JUSTIÇA COMO CONDIÇÃO PARA O *Shālôm*

A nossa tendência é estabelecer uma ligação direta entre paz e ausência de guerra. Como vimos no ponto anterior, a busca pelo *shālôm* implica essa condição de harmonia final entre indivíduos e nações. Contudo a condição essencial para a existência do *shālôm* não é ausência de conflito, mas, sim, a prática da justiça. Só pode existir verdadeira harmonia e paz onde homens e mulheres tratam uns aos outros com justiça e retidão.

Um dos lugares de que mais gosto na cidade de São Paulo é o Museu da Língua Portuguesa. Tive a oportunidade de visitá-lo recentemente em sua reabertura após o incêndio que o manteve fechado por vários anos. Um dos pontos altos da visita é a "Praça da Língua", em que entramos em um "planetário das palavras" e vemos uma seleção de textos da literatura e da música brasileiras em um espetáculo de som e luz projetado do telhado do museu. Um desses textos é o poema sagaz de Gregório de Matos, "Epílogos",[9]

---

[9] Gregório de Matos, "Epílogos", in: idem, *Seleção de obras poéticas*. Disponível em: http://www.dominiopublico.gov.br/download/texto/bv 000119.pdf. Acesso em: 2 de julho de 2022.

em que o autor expõe a injustiça de sua sociedade e critica o uso corrompido do poder pela elite da Bahia de sua época. Quando lemos ou escutamos o poema, temos essa sensação de desordem e caos, e, assim, ausência de *shālôm*, por causa da prática da injustiça.

> Que falta nesta cidade? ...Verdade
> Que mais por sua desonra? ... Honra
> Falta mais que se lhe ponha ... Vergonha.
>
> O demo a viver se exponha,
> Por mais que a fama a exalta,
> numa cidade, onde falta
> Verdade, Honra, Vergonha.
> [...]
>
> E que justiça a resguarda? ... Bastarda.
> É grátis distribuída? ... Vendida.
> Que tem, que a todos assusta? ... Injusta.
>
> Valha-nos Deus, o que custa
> O que El-Rei nos dá de graça.
> Que anda a Justiça na praça
> Bastarda, vendida, injusta.
> [...]
>
> O açúcar já acabou? ... Baixou.
> E o dinheiro se extinguiu? ... Subiu.
> Logo já convalesceu? ... Morreu.

À Bahia aconteceu
O que a um doente acontece:
Cai na cama, e o mal cresce,
Baixou, subiu, morreu. [...]

A vertigem caótica do poema que apresenta a condição de uma sociedade miserável e moribunda tem relação direta com a justiça que é "bastarda" e "vendida", portanto, "injusta". Essa situação não é muito diferente do antigo Israel, em que a ausência de justiça impedia a nação de desfrutar de "paz" verdadeira. Jeremias criticava os falsos profetas de sua época que proclamavam "Paz! Paz" quando não havia "paz", já que "todos são gananciosos; profetas e sacerdotes igualmente, todos praticam o engano" (Jeremias 6:13,14). A nação é retratada como um indivíduo enfermo cuja "ferida" é "grave" (6:14): "Violência! Destruição! É o que se ouve dentro dela; doenças e feridas estão sempre diante de mim" (6:7). Não há *shālôm* verdadeiro onde impera a opressão e a desigualdade. Pode-se ter um discurso populista que fala de bem-estar e igualdade, mas se a prática é a corrupção e o prejuízo de muitos para o benefício de poucos, então a "paz" é a suposta roupa invisível de um rei que na verdade está nu! Jeremias é o garotinho sincero que aponta para a real condição da nação.

De acordo com a pregação dos profetas, o *shālôm* é resultado da restauração da justiça e não pode ser alcançado enquanto se persiste no pecado e no mal.[10] Em uma

---
[10] Philip J. Nel, "שלם", p. 133.

shālôm

bela imagem poética, Isaías descreve a justiça como uma árvore frutífera que cresce quando a água da chuva, que representa o Espírito de Deus, cai sobre a terra; o fruto dessa árvore é a "paz" (*shālôm*), bem como toda a tranquilidade e a segurança que a acompanham (Isaías 32:14-18). Assim, *shālôm* é a expressão suprema de uma existência plena e satisfeita, de acordo com a ordem planejada por Deus e manifestada em prática e preservação da justiça.[11] Em Salmos 85:10-12, a Justiça e a Paz são personificadas como dois agentes de Deus que se encontram ("se beijam") e trabalham em plena harmonia, derramando bênçãos e prosperidade sobre a terra.[12]

Isaías deixa claro que a paz e a justiça têm como origem a obediência aos mandamentos de Deus: "Se tão-somente você tivesse prestado atenção às minhas ordens, sua *paz* seria como um rio, sua *retidão*, como as ondas do mar." (Isaías 48:18). "Não há paz alguma para os ímpios" (48:22), pois é impossível experimentar paz sem um relacionamento vivo e autêntico com aquele que é o Doador da paz. A bênção sacerdotal já lembrava Israel do único capaz de lhe conceder *shālôm* (Números 6:24-26):

O Senhor te abençoe e te guarde;
o Senhor faça resplandecer
o seu rosto sobre ti
e te conceda graça;

---

[11] Idem.
[12] Marvin E. Tate, *Psalms 51—100*, Word Biblical Commentary (Dallas: Word, 1998), p. 20.

> *o Senhor volte para ti o seu rosto*
> *e te dê paz [shālôm].*

O Senhor "tem prazer no *bem-estar* [*shālôm*] do seu servo" (Salmos 35:27). Quando andamos na justiça de Deus experimentamos a paz que só Ele pode nos conceder. Ainda vamos falar sobre como a justiça e a paz se encontram (85:10) na pessoa de Cristo e em sua obra em nosso favor, mas não podemos deixar de notar uma implicação clara da relação entre justiça e paz: quando vivemos em justiça e retidão como povo de Deus, naturalmente seremos promotores da paz em nossas famílias, nossas comunidades de fé e na vida da sociedade que nos cerca.

Um exemplo em nossos dias de como isso ocorre entre aqueles que creem no Príncipe da Paz são as histórias de transformação de vida de vários membros da Igreja Bíblica Espaço Emanuel, na cidade de Benevides, no Pará. Essa igreja começou por meio da evangelização de pessoas que trabalhavam no lixão da cidade. Aos poucos, muitas delas foram conhecendo a Cristo e experimentando a plenitude de vida, o verdadeiro *shālôm*, que Jesus traz. Várias abandonaram uma vida triste e miserável no lixão e passaram a experimentar restauração familiar, pessoal e até mesmo de dignidade de moradia e trabalho, fruto da justiça e da paz proclamadas no evangelho.

Uma dessas histórias é a de Luiz,[13] ex-alcoólatra e ex-usuário de drogas, que tinha um relacionamento bastante

---

[13] As duas histórias de transformação de vida contadas aqui são verídicas em todos os seus detalhes. Apenas os nomes foram alterados para preservar a integridade moral das pessoas.

conturbado com sua namorada, Paola. Eles começaram a namorar depois de se conhecerem em uma festa, quando Paola tinha 13 anos. Aos 15 anos, ela teve seu primeiro filho, João. Depois de um aborto espontâneo após uma briga, eles tiveram uma filha, Bianca. Luiz havia sido muitas vezes infiel e estava vivendo já com outra mulher quando foi convidado a participar do encontro de homens da Espaço Emanuel. Ali ele ouviu a mensagem do evangelho pela primeira vez, depois de jogar futebol, e passou a frequentar a igreja com sua família.

Luiz, então, aprendeu sobre um Deus amoroso que deseja se relacionar conosco. Infelizmente, também descobriu que nos tornamos inimigos de Deus e nos afastamos dele por causa de nossos pecados. Luiz não precisava ser convencido de que era um pecador, acorrentado, necessitado de um Salvador. No tempo perfeito, Deus o levou a confiar em Jesus. Para a família e os amigos de Luiz, a mudança foi surpreendente: passar pelo bar e notar que ele não está mais ali bêbado; testemunhar Paola, pela graça de Deus, perdoar Luiz; ver Luiz, de 34 anos, voltar à escola para aprender a ler e escrever para compartilhar melhor a Palavra de Deus, além de trabalhar de modo digno para sustentar sua família.[14]

Outro belo testemunho é o de Ana. Antes de conhecer a Cristo, ela havia se envolvido com drogas e pessoas que a levaram para um caminho miserável. Ela não acreditava

---

[14] Esse testemunho é narrado de forma completa por Holly Vieira com os nomes reais das pessoas da história. Ele pode ser encontrado no site da missão UFM.

em Deus e fazia tudo sem pensar nas consequências. Ela teve duas filhas de pais diferentes. Então, conheceu José, seu esposo. Apesar do novo relacionamento, ambos brigavam muito e chegaram ao ponto de agredir um ao outro fisicamente. José, então, conheceu Marcelo, pastor da igreja Espaço Emanuel, e passou a participar daquela comunidade e ouvir o evangelho de Cristo. Mais adiante, Ana também começou a acompanhar o marido. Finalmente, ela entregou sua vida a Cristo, depois de um momento de profunda angústia em casa e de se deparar com um livro na hora de pegar um brinquedo de sua filha; no livro estava escrito: "Preciso conhecer Deus". Ela conta que se entregou a Cristo naquele momento. Hoje o casal vive uma vida familiar completamente transformada, experimentando o verdadeiro *shālôm* em várias dimensões de seu dia a dia.[15]

Quando a justiça de Deus em Cristo nos toca e nos transforma, a paz de Deus também alcança todas as dimensões de nosso viver, como nos testemunhos de Luiz e Ana. Essa é a verdade proclamada por Paulo: "Portanto, se alguém está em Cristo, é nova criação. As coisas antigas já passaram; eis que surgiram coisas novas!" (2Coríntios 5:17).

CRISTO, NOSSO *Shālôm*

Ao ler essas histórias talvez você pense: "Entendi. Mas nenhum de nós experimenta o *shālôm* completo. Todos lidamos com a falta de justiça e paz em nossa vida diária:

---

[15] Testemunho narrado em um vídeo, cedido por Marcelo Vieira, pastor da Igreja Bíblica Espaço Emanuel.

pais ainda perdem a paciência com seus filhos e falam de um modo grosseiro, crianças ainda brigam para decidir quem vai ficar com o brinquedo, pessoas empurram umas às outras e discutem no transporte público cheio, donos de empresas desrespeitam seus funcionários, e personagens da mídia vivem se envolvendo em guerras de ego. Acaso somos capazes de alcançar bem-estar e harmonia plenos nesta vida?". Quando observamos o enredo bíblico descobrimos que o *shālôm* de Deus já é uma realidade, mas ainda não de forma consumada.

Ao observar a situação ao seu redor, os profetas e salmistas do Antigo Testamento reconheceram que Israel estava muito distante de experimentar o *shālôm* planejado pelo Senhor. Embora houvesse uma expectativa no mundo antigo de que um rei humano fosse capaz de promover uma condição de justiça e bem-estar plenos,[16] os autores bíblicos reconheciam que somente o Senhor era o grande rei, verdadeiramente capaz de trazer justiça e o *shālôm* que a acompanha:

---

[16] Ver Richard D. Patterson, "The Widow, the Orphan, and the Poor in the Old Testament and Extra-biblical Literature", *Bibliotheca Sacra*, vol. 130, n. 519 (July-August 1973), p. 223-234. Um exemplo dessa expectativa está no início do prólogo do Código de Hamurábi, em que o rei de Babilônia é descrito de forma ideal como aquele que traz justiça sobre a terra: "Então Anu e Bel chamaram pelo nome a mim, Hamurábi, o príncipe exaltado, temente a Deus, para trazer a regra da justiça na terra, para destruir os maus e os que praticam o mal; assim, o forte não poderia ferir o fraco; assim, eu deveria reinar sobre os povos de cabeça preta como Shamash e iluminar a terra, para aumentar o bem-estar da humanidade" (*O Código de Hammurabi*, tradução para o inglês de Leonard W. King; tradução do inglês para o português de Julia Vidili [São Paulo: Madras, 2004], p. 37).

Como é feliz aquele cujo auxílio é o Deus de Jacó,
  cuja esperança está no Senhor, no seu Deus,
  que fez os céus e a terra, o mar e tudo o que neles há
[...]
Ele defende a causa dos oprimidos
  e dá alimento aos famintos.
O Senhor liberta os presos,
  o Senhor dá vista aos cegos,
o Senhor levanta os abatidos,
  o Senhor ama os justos.
O Senhor protege o estrangeiro
  e sustém o órfão e a viúva,
  mas frustra o propósito dos ímpios.
O Senhor reina para sempre!
O teu Deus, ó Sião, reina de geração em geração.
Aleluia!

Salmos 146:5-10

Deus aqui é descrito como o rei ideal, que cuida dos grupos mais fracos e marginalizados da sociedade e, assim, estabelece a justiça. O grande problema é que essa justiça plena ainda não era percebida em Israel. Os lamentos do indivíduo e da nação em Salmos denunciam essa condição de impiedade e "desorientação",[17] que, às vezes, se tornava generalizada (por exemplo: Salmos 10:1-13; 12:1-4; 14:1-3; 74:1-11).

---

[17] Aqui uso uma linguagem desenvolvida por Walter Brueggemann. Veja um resumo de sua proposta em *Spirituality of the Psalms* (Minneapolis: Fortress, 2002).

shālôm

À luz dessa realidade, tanto salmistas quanto profetas apontavam para o futuro: Deus trará justiça no final e, consequentemente, o *shālôm* que abençoará toda a terra.

> Digam entre as nações: *"O S*ENHOR *reina!"*
>   Por isso firme está o mundo,
> e não se abalará,
>   *e ele julgará os povos com justiça.*
> Regozijem-se os céus e exulte a terra!
>   Ressoe o mar e tudo o que nele existe!
> Regozijem-se os campos e tudo o que neles há!
>   Cantem de alegria todas as árvores da floresta,
>   cantem diante do SENHOR,
> *porque ele vem, vem julgar a terra*
>   *julgará o mundo com justiça*
>   *e os povos, com a sua fidelidade*!
>
> Salmos 96:10-13

Embora o Senhor já fosse rei por direito sobre toda a terra, o salmista aguardava sua vinda final, quando Deus "julgará o mundo com justiça" e, então, toda a criação desfrutará de *shālôm*. Observe que o efeito da justiça de Deus não é sentido apenas entre as nações, mas até mesmo "as árvores da floresta" cantam de alegria por causa da justiça que o Senhor trará. A esperança desse futuro *shālôm* anunciada pelos profetas incluía paz entre os seres humanos como indivíduos (Isaías 11:9), paz entre as nações (Isaías 2:2-4) e paz no reino animal (Isaías 11:6-8).[18]

---

[18] Gillett, "Shalom: Content for a Slogan", p. 83.

O *shālôm* já era um presente de Deus a Israel, mas sua plenitude seria firmemente estabelecida no futuro. Como a paz indicava a condição de um relacionamento renovado com Deus, o rei messiânico seria chamado de *śar shālôm*, "Príncipe da Paz" (Isaías 9:6). A vinda de um Rei da Paz, em Zacarias 9:9,10, é retratada como o início de um domínio e um *shālôm* universais:[19]

> Alegra-te muito, ó filha de Sião; exulta, ó filha de Jerusalém: eis aí te vem *o teu Rei, justo e salvador*, humilde, montado em jumento, num jumentinho, cria de jumenta. *Destruirei os carros de Efraim e os cavalos de Jerusalém, e o arco de guerra será destruído*. Ele anunciará *paz* às nações; o seu domínio se estenderá de mar a mar e desde o Eufrates até as extremidades da terra.

Esse texto de Zacarias reforça a visão que encontramos nas passagens de Isaías 2:2-4 e 11:1-16: o rei justo e salvador acabará com os instrumentos de guerra ("Destruirei os carros de Efraim e os cavalos de Jerusalém, e o arco de guerra será destruído") e trará "paz" (*shālôm*) a todas as nações, "até as extremidades da terra".

Ao abrir as páginas do Novo Testamento, somos surpreendidos com a presença do Rei da Paz anunciado por Zacarias entrando em Jerusalém e sendo saudado pelo povo (Mateus 21:1-11)! Jesus, Deus conosco (Mateus 1:22,23), veio ao mundo para trazer a justiça e o *shālôm* que nenhum ser humano conseguiu obter.

---

[19] Philip J. Nel, "שׁלם", p. 133.

shālôm

Quando Cristo nasceu, um coral de anjos apareceu a um grupo de pastores louvando a Deus: "Glória a Deus nas alturas, e *paz* na terra aos homens aos quais ele concede o seu favor" (Lucas 2:14). Deus é merecedor de toda a glória pela manifestação de sua salvação, e os homens, que recebem o favor de Deus em Jesus Cristo (Lucas 10:21), finalmente experimentam a paz. O exército celestial desse Rei não se aproxima para anunciar guerra, mas para proclamar a paz. No cântico dos anjos há dois termos importantíssimos. O primeiro é "glória", e a mensagem da Bíblia é que todos nós "pecamos e *estamos separados da glória de Deus*" (3:23), mas somos "justificados gratuitamente pela graça de Deus por meio da redenção que há em Cristo Jesus" (3:24). E quando recebemos a justiça de Jesus sobre nós, podemos desfrutar da "paz" (o segundo termo) com Deus (Romanos 5:1). Cristo é nosso *shālôm*, restaurando o relacionamento com Deus e com os outros seres humanos.

> Mas agora, em Cristo Jesus, vocês, que antes estavam longe, foram aproximados mediante o sangue de Cristo. *Pois ele é a nossa paz*, o qual de ambos [judeus e gentios] fez um e destruiu a barreira, o muro de inimizade [...]. O objetivo dele era criar em si mesmo, dos dois, um novo homem, *fazendo a paz, e reconciliar com Deus* os dois em um corpo, por meio da cruz, pela qual ele destruiu a inimizade. Ele veio e *anunciou paz a vocês que estavam longe e paz aos que estavam perto*, pois por meio dele tanto nós como vocês temos acesso ao Pai, por um só Espírito.

A nova ordem "em Cristo Jesus" mudou toda a situação. Os gentios, que antes estavam "longe" de Deus (em contraste com os israelitas, que haviam sido aceitos em sua aliança), agora foram "aproximados". Desse modo, Cristo "é a nossa *paz*".[20] Dizer que Ele é a nossa paz expõe a verdade de modo mais enfático do que dizer que Ele "fez a paz" (v. 15) ou "anunciou a paz" (v. 17). A paz, que outrora havia sido uma ideia abstrata, tornou-se personificada em Cristo. Antes havia hostilidade, mas agora aquele que nos trouxe para perto é a "nossa paz".[21]

Essa paz se manifesta em um sentido duplo: Jesus não apenas reconciliou seu povo com Deus por meio de sua morte, mas também reconciliou os crentes uns com os outros; em particular, Ele reconciliou gentios e judeus, outrora inimigos ferrenhos. O primeiro considerava o segundo um bando de fanáticos religiosos, que era um problema para a paz do Império Romano; já o segundo grupo enxergava o primeiro como uma raça de impuros perigosos, com os quais um judeu fiel deveria evitar qualquer tipo de contato. Quando pessoas desses dois grupos recebem Cristo, elas passam a ser um só povo, não mais dois, e o *shālôm* de Deus governa seus relacionamentos.

---

[20] O termo "paz" é a palavra grega εἰρήνη, que muitas vezes traduz o termo *shālôm* na versão grega conhecida como Septuaginta. Certamente aqui, Paulo tem em mente o conceito do Antigo Testamento e o aplica à reconciliação entre Deus e os homens e entre os próprios seres humanos. Veja as observações de Harold Hoener, *Ephesians: An Exegetical Commentary* [Grand Rapids: Baker Academic, 2002], p. 149-50.

[21] F. F. Bruce, *The Epistles to the Colossians, to Philemon, and to the Ephesians*, The New International Commentary on the New Testament (Grand Rapids: Eerdmans, 1984), p. 295.

shālôm

No versículo 17, Cristo é o próprio pregador: "ele veio e *anunciou a paz*".[22] A linguagem remonta a Isaías 57:19: "Paz, paz [*shālôm, shālôm*] para longe e para perto, diz o Senhor". O som de boas-vindas do mensageiro do Senhor foi celebrado em Isaías 52:7: "Quão formosos sobre os montes são os pés daquele que traz boas-novas, que *anuncia a paz*".[23] O *shālôm* tão esperado pelos profetas agora se torna realidade em Cristo Jesus: seres humanos redimidos são reconciliados com Deus e uns com os outros como uma nova humanidade ("um novo homem", Efésios 2:15).

Sem dúvida, o *shālôm* universal e pleno será consumado quando Jesus, o Príncipe da Paz, retornar. A "paz" já é uma realidade presente, mas também uma expectativa futura: "Arrependam-se, pois, e voltem-se para Deus [...] *para que venham tempos de descanso da parte do Senhor, e ele mande o Cristo*, o qual lhes foi designado, Jesus" (Atos 3:19,20). Um dia, "o *Deus da paz* esmagará Satanás debaixo dos pés de vocês" (Romanos 16:20). Toda a criação geme e anseia pela consumação do *shālôm*: "A natureza criada aguarda, com grande expectativa, que os filhos de Deus sejam revelados [...] na esperança de que *a própria natureza criada será libertada da escravidão da decadência em que se encontra, recebendo a gloriosa liberdade dos filhos de Deus*" (Romanos 8:19-21).

---

[22] A interpretação mais provável é que o texto se refira à pregação de Cristo por meio de seus apóstolos (ver Harold Hoener, *Ephesians*, p. 384-5).

[23] F. F. Bruce, *The Epistles to the Colossians, to Philemon, and to the Ephesians*, p. 300-1.

Diante dessa realidade, como devemos viver? Manifestando a cada dia o *shālôm* que recebemos em Cristo Jesus e apontando para a redenção plena futura, que aguardamos com expectativa. Em primeiro lugar, quando cremos em Cristo como nosso Salvador, podemos descansar na paz *com* Deus que recebemos por meio de Jesus. Não precisamos mais temer o veredito do Senhor a nosso respeito no dia do juízo, porque em Cristo somos declarados *justos* diante de Deus e estamos em *paz* com Ele (Romanos 5:1). Estamos livres da culpa e da condenação, pois Cristo Jesus nos reconciliou com Deus, e não mais precisamos temer a ira divina (Romanos 5:9,10). Quando recebemos o amor de Deus e nele permanecemos, não precisamos ter medo de nada, pois "o perfeito amor lança fora o medo" (1João 4:18, ARA).

Em segundo lugar, as boas notícias do *shālôm* que recebemos em Jesus são boas demais para guardarmos somente conosco. O apóstolo Paulo nos lembra de que somos "embaixadores de Cristo", representando o próprio Deus em um mundo caído e conclamando aos homens: "Reconciliem-se com Deus!" (2Coríntios 5:20). Ele nos confiou essa mensagem de reconciliação, cujo resumo básico é: "Deus tornou pecado por nós aquele que não tinha pecado, para que nele nos tornássemos justiça de Deus" (5:21). E quando Cristo assume nossa culpa e nos concede sua justiça, experimentamos o verdadeiro *shālôm* com Deus e com nosso próximo.

Vamos encontrar pessoas desiludidas, sem direção, frustradas com aquilo que esse mundo oferece, tentando matar sua sede com "cisternas rachadas que não retêm água", em vez de se saciarem com a única "fonte de água viva", que é o nosso Deus (Jeremias 2:13). Nessas horas, temos de apontar para o problema fundamental do homem — seu pecado e idolatria (Romanos 1:21-25; 3:9-12) — e para a solução mais que suficiente de Deus: as boas-novas de que "justificados pela fé, temos paz com Deus, por nosso Senhor Jesus Cristo" (Romanos 5:1).

Por fim, podemos nos apropriar da paz que temos *em* Deus. Jesus advertiu seus discípulos: "Neste mundo vocês terão aflições; contudo, tenham ânimo! Eu venci o mundo" (João 16:33). Em meio às tribulações e provas desta vida, podemos ter ânimo, porque esse mundo não é a "realidade final", uma vez que ela está na nova criação inaugurada pela vitória de Jesus em sua morte na cruz e sua ressurreição. Quando o mar de dificuldades e sofrimento quiser nos afogar, podemos nos apegar à promessa do nosso Salvador e Mestre: "Deixo-lhes a paz; a minha paz lhes dou. Não a dou como o mundo a dá. Não se perturbe o seu coração, nem tenham medo" (João 14:27). As angústias da vida, ou sofrimento, são uma experiência universal, planejada por Deus para a glória dele, embora coloque em prova a fé de cada cristão. E Deus é glorificado em nossa vida principalmente quando encontramos nele toda a nossa satisfação.

A esperança do *shālôm* final que teremos em Cristo deve nos manter firmes em meios às tempestades que nos assolam neste mundo. Nós cremos em um final feliz, em uma paz completa em novos céus e nova terra, quando Deus enxugará de nossos olhos "toda lágrima. Não haverá mais morte, nem tristeza, nem choro, nem dor, pois a antiga ordem já passou" (Apocalipse 21:4).

CONCLUSÃO

O menino estava sozinho na sala de espera do aeroporto, aguardando seu voo. Quando o embarque começou, ele foi colocado na frente da fila para entrar e encontrar seu assento antes dos adultos.

O garoto foi simpático quando puxaram conversa com ele e, em seguida, começou a passar o tempo colorindo um livro. Não demonstrava ansiedade ou preocupação com o voo enquanto as preparações para a decolagem estavam sendo feitas.

Durante o voo a aeronave entrou numa tempestade muito forte, o que fez com que balançasse como uma pena ao vento. A turbulência e as sacudidas bruscas assustaram alguns dos passageiros, mas o menino parecia encarar tudo com a maior naturalidade.

Uma das passageiras sentada do outro lado do corredor ficou preocupada com ele e perguntou:

— Ei, garoto, você não está com medo?

— Não, senhora — respondeu ele, levantando os olhos rapidamente de seu livro de colorir. Depois, piscando um dos olhos para ela, disse:

— O meu pai é o piloto do avião!

Em meio às turbulências da vida — talvez a oposição que experimentamos por seguir a Jesus, dificuldades de saúde, conflitos em um relacionamento ou algum outro problema —, jamais podemos nos esquecer de que nosso Pai Celestial é o habilidoso piloto do avião que é a nossa vida, e Ele está nos conduzindo para um destino maravilhoso: o *shālôm* eterno em novos céus e nova terra.

Sua opinião é importante para nós.

Por gentileza, envie-nos seus comentários pelo e-mail:

editorial@hagnos.com.br

Visite nosso site:

www.hagnos.com.br